So lebten die Habsburger

Schlösser · Villen · Landsitze

Gabriele Praschl-Bichler

So lebten die Habsburger

Schlösser · Villen · Landsitze

Redaktionelle Mitarbeit:
Michael Wohlfart

Pichler Verlag

Bild S. 3: „Dienerschafts-Menagerie" –
das Speisezimmer der Bediensteten Erzherzog Ottos
in der Villa in Schönau an der Triesting.
Umschlagphotos vorne: Interieurs aus Schloß Hetzendorf,
Schloß Klesheim und Schloß Ambras (von oben),
rechts Kaiser Franz Joseph mit einer Enkelin
am Balkon seiner Villa in Ischl, 18. August 1900.
Umschlagphoto hinten:
Blick von Schloß Schönbrunn in Richtung Stadt.

ISBN 3-85431-201-6

Pichler Verlag im Internet: www.pichler.co.at

Umschlag- und Buchgestaltung: Bruno Wegscheider

Reproduktion: Eurografik, Wien
Druck: Elbemühl, Wien
Bindung: Papyrus, Wien
Printed in Austria

Inhalt

Der letzte Herrscher von Österreich vor dem Urschloß seiner Ahnen: Kaiser Karl (Mitte) vor der „Habichts- oder Habsburg", die seiner Familie den Namen gab (aufgenommen am 24. September 1920 während der Zeit des Schweizer Exils).

Wann die Habsburger wie und wo lebten

Eigentlich wäre es interessant, ein Buch darüber zu schreiben, wie die Habsburger aller Jahrhunderte gelebt und gewohnt haben und wie ihre Residenzen aussahen (von der mittelalterlichen Habichtsburg in der Schweiz bis zum letzten Aufenthaltsort Kaiser Karls auf Madeira). Doch zeigte die Arbeit an diesem Band bald, daß es sich bei dieser Idee um einen ziemlich unerfüllbaren Wunschgedanken handelt: Selbst eine Gemeinschaft von mehreren Autoren würde einige Jahre brauchen, um dieses Thema zufriedenstellend aufzuarbeiten.

Vom Problem der Menge einmal abgesehen: Von den meisten Objekten würde man kaum noch (Photo)Material finden, denn in den beinahe acht Jahrhunderten habsburgischer Herrschaft in den österreichischen Ländern gingen zahlreiche Bilder und Unterlagen verloren. Viele der Gebäude gibt es nicht mehr (wie Schloß Neugebäude in Simmering oder die Palais Modena, Erzherzog Rainer und Toskana – alle in Wien), oder sie wurden so oft umgebaut, daß die vielen verschiedenen Architekturphasen nicht mehr nachzuvollziehen sind. Dabei wurde noch gar nicht in Erwägung gezogen, wie viele Hausbesitzer es gab. Bei den in Frage stehenden Personen handelt es sich um eine fast unüberschaubare Anzahl von Menschen: Alleine im 19. Jahrhundert lebten beinahe zweihundert Habsburger, von denen die meisten mehrere Residenzen besaßen. Schließlich bleibt das Problem der Landesgrenzen: Vieles, was damals auf österreichischem Herrschaftsgebiet lag, ist heute nur im Zuge einer Auslandsreise zu besichtigen.

Warum in dem vorliegenden Band eine ganz bestimmte Auswahl getroffen wurde, hängt damit zusammen, daß von eben diesen Gebäuden eine größere Anzahl von Originalaufnahmen aus dem 19. Jahrhundert existiert. Sie fanden sich in privaten Archiven von Nachkommen

Zwei Habsburger Residenzen, die sich im heutigen Italien befinden: die Villa Erzherzog Friedrichs in Arco (nahe dem Gardasee) und Schloß Rottenstein in Meran, aus dessen Fenster Friedrichs Mutter, Erzherzogin Elisabeth, blickt.

der österreichischen Kaiserfamilie und zeigen nicht nur die repräsentativen Räume ihrer Paläste, sondern auch jene privaten und kleinen Gemächer, die man als Nicht-Habsburger niemals zu sehen bekäme.

Diese Aufnahmen, die zu dem wahrhaft bescheidenen Erbe des ehemals regierenden Teils der Familie gehören, vermögen aber ein bis heute gut gehütetes Geheimnis zu lüften: Sie zeugen davon, welchen Stil und welche Lebensqualität die Habsburger im „eigenen Heim" bewiesen.

Wie war nun die österreichische Kaiserfamilie eingerichtet? Herrschte in ihren Schlössern und Villen maria-theresianische Wohnkultur oder der zeitgenössische Dekorstil Hans Makarts vor? Welchen Geschmack hatten sie bei der Auswahl von Bildern, Möbeln, Porzellan und Stoffen? Liebten sie es gemütlich oder wohnten sie, wie sie lebten (oder wie man denkt, daß sie lebten): repräsentativ? Die Antworten auf diese Fragen, die sich auf den folgenden Seiten finden, schließen ein Kapitel über die Geschichte des kaiserlichen Alltags. Denn das erwähnte Bildarchiv umfaßt neben Familienporträts und privaten Schnappschüssen auch Innen- und Außenaufnahmen der habsburgischen Schlösser, Villen, Jagdhäuser und Stadtpalais, ja sogar der Küchen, Badezimmer, Pferdeställe, Swimmingpools, Badehäuser und ihrer Jachten.

Viele wird der originelle Stil der Privatvillen überraschen (dort hatte man bei der Gestaltung mehr Freiheit als in den jahrhundertealten Schlössern), manch einer wird über die oft modern wirkende Ausstattung staunen, andere werden den Geschmack der Habsburger in Frage stellen. Wie immer man aber die kaiserliche Wohnwelt bewertet, fest steht, daß die Aufnahmen dieses Bandes kulturhistorisch einen außerordentlichen Wert darstellen, weil sie nicht nur den Stil einer Epoche oder einer Gesellschaftsschicht, sondern vor allem den persönlichen Geschmack der ehemals ersten Familie des Landes wiedergeben. Daß die Habsburger dabei wie alle Menschen unter dem Einfluß aktueller Modeströmungen standen, wird niemanden verwundern, der selbst einmal eine Wohnung eingerichtet hat. Spätestens nach zwanzig Jahren wird er sich nämlich eingestehen müssen, daß sein Heim nicht nur abgewohnt, sondern auch stilistisch überholt ist.

Erzherzogin Maria Theresia, verehelichte Herzogin von Württemberg, in ihrem Schreibzimmer sowie eine Aufnahme des „roten Salons“ in der nach ihr benannten „Villa Maria Theresia“ am Traunsee (August 1886).
Ein Schnappschuß aus dem Familienarchiv: Kaiser Franz Joseph (re.) und sein jüngster Bruder Erzherzog Ludwig Victor (2.v.li.) an Deck der Habsburger Familienjacht „Greif“.

Das Atelier Hans Makarts, jenes Künstlers, der den Geschmack der Gesellschaft im 19. Jahrhundert am nachhaltigsten prägte. Wohnungseinrichtungen und Kostüme „à la Makart" blieben – wie an den Bildbeispielen zu erkennen ist – jahrzehntelang in Mode: der spätere Thronfolger Franz Ferdinand als Kind (unten li.2.v.re.) mit seinem Vater Erzherzog Carl Ludwig (li.) und seinem kleinen Bruder Otto (M.) in einem „tableau vivant" (einem gestellten Bild) und unten rechts zwanzig Jahre später.

Das Badehaus mit Swimmingpool in Schloß Klesheim und der im englischen Landhausstil eingerichtete Pferdestall in Schloß Schönau an der Triesting.

Unabhängig vom Geschmacksurteil des Kunsthistorikers soll dem Betrachter der private „Rundgang“ durch die Schlösser, Villen und Häuser vor allem Spaß machen. Schließlich ist man nicht alle Tage bei Kaisern und Erzherzogen zu Gast. Beim Blättern im Buch wünsche ich dem Leser dasselbe Vergnügen, das die Arbeit daran bereitete.

Gabriele Praschl-Bichler

Ein historisches Photodokument aus dem 19. Jahrhundert: Blick auf die Stadtseite von Schloß Schönbrunn mit Brücke über den Wienfluß, noch unbefestigter Straße und Laternen.

Schloss Schönbrunn

Die Sommerresidenz der Habsburger

Niemand wird sich darüber wundern, die Geschichte von Schloß Schönbrunn am Anfang dieses Buches zu finden: Unter allen Habsburger Schlössern und Residenzen steht es in der Bekanntheit und Beliebtheit an vorderster Stelle und wird jährlich von beinahe eineinhalb Millionen Kulturinteressierten besucht.

Neben aller (kunst)historischer Bedeutung, die dem Gebäude zukommt, verfügt es aber auch noch über eine Menge an privater habsburgischer Geschichte, die auf seine jahrhundertelange Verwendung als Familienresidenz zurückzuführen ist. In Schönbrunn wurde im familiären Großverband gefeiert, getrauert, geheiratet, geboren und gestorben. Einer seiner berühmtesten Bewohner, Kaiser Franz Joseph, hat dort sein langes und schicksalreiches Leben begonnen und auch beendet. Mit ihm und seiner Ururgroßmutter, Kaiserin Maria Theresia, verbinden die meisten Menschen die Geschichte des Schlosses – mit der im Spätbarock regierenden Kaiserin, weil auf sie der Großteil der Ausstattung zurückzuführen ist, mit ihrem Ururenkel, weil er dort unter allen Familienmitgliedern am längsten gelebt hat: 86 Jahre lang.

Was kaum jemand weiß: Für den Erwerb von Schloß Schönbrunn, das zuallererst eine Burg war, zeichnete schon ein Urahne Kaiser Franz Josephs verantwortlich. Die Ursprünge des Gebäudes reichen aber noch weiter zurück (bis in das frühe 14. Jahrhundert), als sich an der Stelle der heutigen Residenz die sogenannte Kattermühle befand. Dieser wirtschaftliche Nutzbau gehörte zunächst dem Chorherrenstift Klosterneuburg, ging später in bürgerlichen Besitz über und erlebte in der Folge etliche Umbauten und Vergrößerungen. Wegen seiner immer feudaler werdenden äußeren Erscheinung nannte man das Gebäude schließlich „Katterburg".

Photomontagen aus der Zeit der Monarchie: Weil man den Kaiser und seine Familie nur selten vor die Kamera bitten durfte, „mogelten“ die Photographen die Habsburger einfach in die Szenerie hinein. So gibt es den beinahe „fliegenden“ Kaiser Franz Joseph im Schönbrunner Schloßgarten und ein Gespräch zwischen ihm und seinem Großneffen, dem späteren Kaiser Karl, das weder auf der Terrasse noch je in dieser Form stattfand.

Obwohl an der heutigen Fassade nichts mehr an diese frühe „Burg“ erinnert, so sind von ihr zumindest Reste der Grundmauern erhalten. Sie befinden sich im Haupttrakt des Schlosses, unterhalb der Eingangs- und Durchfahrtshalle, und sind durch gläserne Gucklöcher zu besichtigen.

Kaiser Maximilian II., Urururgroßonkel Maria Theresias und Ururururururgroßonkel Franz Josephs, war jener erste Habsburger, der sich für die Katterburg interessierte: 1569 erwarb er das Anwesen sowie den umliegenden Grund und Boden. Der leidenschaftliche Jäger wollte die weitläufige Anlage als Jagdrevier nutzen, die noch dazu den Vorteil bot, daß man sie von der Stadt aus bequem in einer Stunde Fahrzeit erreichen konnte.

Obwohl der Kaiser viel Geld und Mühen in den Erwerb und Ausbau der Anlage aufwendete, interessierte sich kaum eines seiner Kinder für die ererbte Jagdresidenz. Nur einer seiner sechs erwachsen gewordenen Söhne, der spätere Kaiser Matthias, bewohnte die Katterburg während der kurzen Zeit, in der er römischer König war.

Außer Kaiser Matthias fanden nur noch sein Vetter Kaiser Ferdinand II. und dessen Frau Eleonore Gefallen an dem damaligen Jagdschloß – letztere erhielt nach dem Tod ihres Ehemannes (1637) die Katterburg als Witwensitz zugesprochen. Allerdings empfand die Kaiserin das Gebäude als unbequem und zu wenig stattlich und ließ einen neuen herrschaftlich-repräsentativen Bau errichten, bei dessen Fertigstellung erstmals der Name „Schloß Schönbrunn“ erwähnt wurde. Als eine nächste Besitzerin taucht abermals eine Kaiserin Eleonore auf: die dritte Ehefrau und Witwe Kaiser Ferdinands III., die zu einem außerordentlich aufwendigen Lebensstil neigte. Leider ohne geringstes wirtschaftliches Talent. Denn als sie den früheren Mühlbetrieb auf dem Areal der ehemaligen Katterburg wieder aufnehmen ließ, übertrug sie ihn und die Nutzung der angrenzenden Äcker in einem Schenkungsbrief vom 27. April 1679 ihrem Kammerrat Tullio Miglio. Grund dafür waren 20.000 Gulden gewesen, die sie gegen eine Hypothek von ihm erhalten hatte, um ihre Extravaganzen bezahlen zu können. Abgesehen davon, daß dieser Brief

Blick von der Gloriette auf Schloß Schönbrunn, das im 19. Jahrhundert außerhalb der Stadt Wien in beinahe unverbautem Gebiet lag. Kaiser Franz Joseph verbrachte unter allen Habsburgern sicherlich die längste Zeit in Schönbrunn. Auf dem Bild unten zu sehen: Der Kaiser nimmt die Front des k. u. k. Husarenregiments „Kaiser" Nr. 1 ab (6. Juni 1908).

Herrschaftsrechte an Schönbrunn enthielt, hatte die Kaiserinwitwe bei Gewährung der Anleihe ihrem Vertrauensmann auch noch die Grundbücher des Anwesens übergeben. Als Eleonore 1686 starb, forderte die Hofkammer zwar die Grundbücher sofort zurück, Baron Miglio gab sie aber nicht heraus, wodurch man in die unangenehme Lage kam, die Besitzverhältnisse in einem Rechtsstreit zu klären. Den gewann der ehemalige Kammerrat der Kaiserin, wobei man sich in der Folge darauf einigte, daß Miglio gegen Ausbezahlung von 20.591 Gulden die Herrschaftsrechte wieder abtrat und die Grundbücher zurückerstattete. Die Mühle und die angrenzenden Äcker verblieben aber weiterhin in seinem Besitz.

Kaiserin Maria Theresia, die Tochter und Erbin Kaiser Karls VI., unter der Schloß Schönbrunn – von einigen unbedeutenden Änderungen abgesehen – sein heutiges Aussehen erhielt.

Während der zweiten Türkenbelagerung war das knapp 45 Jahre zuvor errichtete erste Schloß Schönbrunn niedergebrannt worden. Kaiser Leopold I., ein kunstbegeisterter barocker Herrscher, dem es – nach dem Rechtsstreit mit Miglio – damals gehörte, hatte wie seine Zeitgenossen wenig Freude an verkohlten Mauerresten, deshalb plante er schon bald, an der Stelle des früheren Baues für seinen ältesten Sohn, Kronprinz Joseph (den späteren Kaiser Joseph I.), eine repräsentative Sommerresidenz zu errichten. Dieser früh verstorbene, hochbegabte Habsburger Herrscher war ein talentierter Zeichner, der sich auch als Architekt verwirklichte, und es heißt, daß er an der Planung des Neubaues, das sich an dem kurz zuvor fertiggestellten französischen Schloß Versailles orientierte, wesentlichen Anteil genommen hat. Unter der Anleitung von Johann Bernhard Fischer von Erlach, seinem Lehrer, soll Kronprinz Joseph maßgeblich an den Entwürfen zu „Neuschönbrunn" beteiligt gewesen sein.

Nach dem Tode Kaiser Josephs I. gelangte das Schloß in den Besitz von Kaiser Karl VI., der ihm als jüngerer Bruder auf den Thron nachfolgte. Karl VI. vererbte es wiederum an seine älteste Tochter Maria Theresia, die spätere Regentin, weiter. Mit ihr und ihrer immer zahlreicher werdenden Familie verbindet man Schönbrunn ebenso als Wohnschloß wie als repräsentative Residenz. Damit es wirklich wohnlich wurde, ließ Maria Theresia durch ihren Hofarchitekten Nikolaus Pacassi einige Umbauten vornehmen, die den Gesamteindruck des Schlosses aber nicht wesentlich veränderten: Das Haupt-

Das „weißblaue Cabinet" (oder „Porzellanzimmer" – nach dem Effekt, den die Malerei hervorruft) stammt aus maria-theresianischen Zeiten und ist noch immer im Originalzustand erhalten.

Der „Blaue Chinesische Salon“ aus der Zeit Kaiserin Maria Theresias.

gebäude wurde um einen Stock erhöht, ein Zwischengeschoß eingezogen, um kleinere und gemütlichere Räume zu gewinnen und die beiden ins Freie führenden Doppeltreppen errichtet.

Unter Kaiser Joseph II., dem Sohn Maria Theresias, verlor Schloß Schönbrunn für kurze Zeit seine Bedeutung als Familienresidenz. Allerdings nur zehn Jahre lang – dann wurde es unter seinem Bruder und Nachfolger, Kaiser Leopold II., der mit dreizehn Kindern einzog, wieder so lebendig wie zu Maria Theresias Zeiten. Und ein paar Jahre später bewohnte Leopolds ältester Sohn und Amtsnachfolger, Kaiser Franz II./I., das Schloß mit einem Großteil seiner zahlreichen Geschwister, vier aufeinanderfolgenden Ehefrauen und ebenfalls dreizehn Kindern. Während seiner Regentschaft kam es in Schönbrunn zu keinen bedeutenden baulichen Änderungen. Der Kaiser war mehr an der Pflanzenwelt als an der Architektur interessiert und betätigte sich in seiner Freizeit als Hobbygärtner. Auch unter seinen Geschwistern gab es einige begabte Botaniker, im Unterschied zu ihm verfügten sie allerdings über wesentlich höhere politische Fähigkeiten als er. Vermutlich war genau das der Grund, weshalb der nur mittelmäßige talentierte, auf seine Brüder eifersüchtige Herrscher diese hauptsächlich mit dem Ausbau und der Pflege der Schönbrunner Gartenanlagen betraute, anstatt ihnen verantwortungsvolle Regierungsposten zu überlassen.

Kaiser Joseph II. am Wochenbett seiner Ehefrau Isabella (Reproduktion eines Gemäldes seiner Schwester, Erzherzogin Marie Christine).

Sonderbarerweise war es die – von der Geschichtsschreibung so oft verkannte und mißdeutete – Erzherzogin Sophie, die Mutter Kaiser Franz Josephs, die in der ersten Hälfte des 19. Jahrhunderts als eine der wenigen daranging, in Schönbrunn Neuerungen einzuführen. Ausgerechnet sie, der die Literatur den Stempel einer sich jedem Fortschritt entgegenstellenden Frau aufgedrückt hat, beauftragte Handwerker mit einer – sanften – Modernisierung der Anlage. So ließ sie in ihren Räumen die (abnehmbaren) barocken Wandvertäfelungen durch silber-hellblau gemusterte Biedermeiertapeten ersetzen, wodurch die Salons eine heitere und behagliche Ausstrahlung bekamen, und regte als erste den Einbau eines englischen „Closets“ mit Wasserspülung an. Allerdings

Kaiserin Elisabeth hatte zu Schönbrunn und den Habsburgern ihr Leben lang ein gespanntes Verhältnis (auf den Photos ist sie mit ihrem Bruder Carl Theodor und ihrer Schwester Helene zu sehen) und zeigte auch für das Umgestalten des Schlosses wenig Interesse.

wurden nicht sofort alle Appartements mit diesen neuartigen Einrichtungen ausgestattet, da viele Hofleute solchen Modernismen gegenüber sehr mißtrauisch eingestellt waren. Allen voran Kaiser Franz Joseph selbst, der älteste Sohn Erzherzogin Sophies, der – wäre der Umbau in die Zeit gefallen, als er schon erwachsen war – ihn niemals gestattet hätte. Der Kaiser weigerte sich bis knapp vor der Jahrhundertwende beharrlich, in seinen Zimmern eine so aufwendige Veränderung durchführen zu lassen. Er war über 64 Jahre alt, als er noch immer die faltbare Kautschukwanne benutzte. Sie wurde in Schönbrunn wie in der Hofburg allmorgendlich in seine Räume gebracht, aufgebaut, mit Wasser gefüllt und nach Gebrauch auf einer Hintertreppe zum Trocknen aufgelegt. Noch schlimmer war es um die Toilettenanlagen in seinen Räumen bestellt: Der Kaiser war beinahe siebzig Jahre alt, als man in sein Schönbrunner Appartement ein erstes „Wassercloset" einbaute.

Kaiser Franz Joseph hatte gar keine Freude am Erneuern oder Modernisieren. Zum einen, weil er sich allgemein jedem Fortschritt widersetzte, zum anderen, weil er, der einer der reichsten Männer Europas war, in persönlichen Dingen gerne knauserte (so bewohnte er in seinen Schlössern und Villen auch niemals mehr als drei Zimmer). Lebensqualität bedeutete ihm nicht mehr, als den Alltag mit geringstmöglichem Aufwand zu bestreiten. So ließ er alte Uniformjacken flicken, um sie daheim „aufzutragen", abgeschlagene Henkel von Kaffeetassen und Bierkrügen wieder ankleben und in schüttere Rasierpinsel regelmäßig neue Pinselhaare einsetzen. Auch technischer Fortschritt hatte in seinem Leben wenig zu suchen, da er die damit verbundenen Neuerungen als unelegant und unsportlich empfand. Aus diesem Grund stieg er bis an sein Lebensende alle Treppen selbst hinauf, statt Aufzüge zu benützen, und ritt und ließ sich kutschieren, weil er meinte, daß ein Automobil, ein Panzer oder ein Flugzeug niemals mit der Schönheit eines Pferdes wetteifern könnten.

Aus den letzten Tagen der Monarchie stammen zwei außerordentlich moderne Badezimmer, die in den Wirren des Ersten Weltkriegs zwar noch fertiggestellt, aber nicht mehr verwendet wurden. Zita, die Ehefrau Kaiser Karls, hatte sie in der kurzen Zeit der Regentschaft ihres Ehemanns in Auftrag gegeben. Sie ließ die Räume mit

Noch unter der Regierungszeit von Elisabeths Ehemann, Kaiser Franz Joseph, war beinahe das gesamte Schloß maria-theresianisch ausgestattet. Gutes Beispiel dafür ist eine Aufnahme des Salons der Kaiserin. Das ist übrigens das einzige bekannte Photo, das dort in einem ihrer Räume gemacht werden durfte.

Unten: Erzherzogin Sophie, eines der fortschrittlichsten Mitglieder der Familie, im Kreis ihrer Kinder, Schwiegerkinder und Enkel auf der Terrasse vor ihrem Biedermeiersalon (v.li.n.re.): hinten stehend Kaiser Franz Joseph, sein Bruder Erzherzog Ferdinand Maximilian, dessen Ehefrau Charlotte sowie die Brüder Erzherzog Ludwig Victor und Erzherzog Carl Ludwig; vorne sitzen Kaiserin Elisabeth mit Kronprinz Rudolf auf dem Schoß (daneben steht ihre Tochter Erzherzogin Gisela), Erzherzogin Sophie und ihr Ehemann Erzherzog Franz Carl.

Ankunft Kaiser Franz Josephs und seines Großneffen, des neuen Thronfolgers (des späteren Kaisers Karl) im Schönbrunner Schloßhof mit einem Zweispänner (Rückkehr aus Ischl am 30. Juli 1914 nach der Kriegserklärung an Serbien).
Unten: Badezimmer Kaiserin Zitas (der vierpassige Messingring ist eine Brause: Man zog ihn über den Kopf und legte ihn auf die Schultern, um die Frisur nicht zu zerstören) und ein historisches Photodokument aus der Zeit, als das neue Thronfolgerpaar in Schönbrunn wohnte: die spätere Kaiserin mit ihren beiden erstgeborenen Kindern Otto und Adelhaid im Park vor dem Schloß.

Kronprinz Otto mit Kinderfrau im Schloßpark und seine Mutter – damals Erzherzogin – Zita mit ihrer Tochter Adelhaid (Schönbrunn, im Juli 1915).

hellgrauem Marmor verfliesen, mit vergoldeten Armaturen und einem hochmodernen Duschring versehen, der die Frisur vor Zerstörung schützte. Infolge der politischen Ereignisse verlor sich das Interesse an den Badezimmern, erst in unseren Tagen beginnt man ihren kulturhistorischen Wert neu zu entdecken – sogar mehr als das: Sie erstaunen den Betrachter durch ihre zeitlose Eleganz und Funktionalität.

Doch noch einmal kurz zurück zu den Ereignissen des Ersten Weltkriegs und zu ihrem Einfluß auf die Wohngeschichte der kaiserlichen Familie. Nachdem am 28. Juni 1914 Erzherzog Franz Ferdinand und seine Ehefrau in Sarajevo ermordet worden waren und Österreich-Ungarn ein Monat später Serbien den Krieg erklärt hatte, holte Kaiser Franz Joseph die Familie des neuen Thronfolgers nach Schloß Schönbrunn, um ihn in der Nähe zu haben und ihn in die Regierungsgeschäfte einweisen zu können, was bis dahin kläglich verabsäumt worden war (obwohl seit dem Jahr 1900 feststand, daß Erzherzog Carl Franz Joseph der übernächste Regent Österreich-Ungarns sein würde).

Die Einführung des Thronfolgers in die Amtsgeschäfte beschränkte sich tatsächlich nur auf das Allernotwendigste. Denn der junge Erzherzog befand sich 1914 an der Südwestfront, wo er die Kriegseinsätze leitete, und Kaiser Franz Joseph hatte nur noch zwei Jahre zu leben. Als er im November 1916 für immer die Augen schloß, fiel dem damals noch nicht dreißigjährigen – jetzt Kaiser Karl I. genannten – Mann das unglückliche Erbe zu, einen Weltkrieg zu Ende führen zu müssen, den er weder begonnen noch gewollt hatte.

Als im Jahr 1917 das Armeeoberkommando nach Baden verlegt wurde, zog Kaiser Karl mit seiner Ehefrau und den Kindern in das dortige Kaiserhaus am Hauptplatz, wo er mit seiner Familie bis zum Ende des Krieges wohnte. Schloß Schönbrunn sollte für die Monarchie nur noch einmal – traurige – historische Bedeutung erlangen: als Kaiser Karl im November 1918 im „Vieux-lac-Salon" auf die Ausübung der Regierungsgeschäfte in Österreich verzichtete.

„Vieux-lac-Salon" in Schloß Schönbrunn, der den Endpunkt der Monarchie kennzeichnet: Hier leistete Kaiser Karl den Verzicht auf die Herrschaft in Österreich.

Kaiser Franz Josephs Kammerdiener Eugen Ketterl am Schreibtisch des Kaisers (aufgenommen kurz nach dem Tod des Monarchen im Jahr 1916).

Für Interessierte: In Schloß Schönbrunn) sind die franzisko-josephinischen Kaiserappartements sowie Festsäle und Repräsentationsräume aus der Zeit Kaiserin Maria Theresias, die Wagenburg sowie die Gloriette und der weitläufige Schloßpark zu besichtigen. Im Café Meierei (nahe dem Meidlinger Tor) kann man sommers am ehemaligen Spielplatz Kaiser Franz Josephs, seiner Brüder und seiner Kinder eine Kaffeejause nehmen.*

**) Mehr Informationen über Besuchszeiten, Telefonnummern und Adressen der Museen und Schausammlungen im Schloß Schönbrunn befinden sich im „Museumsführer Österreich“ (siehe Literaturverzeichnis, S. 156).*

Trauerfeierlichkeiten im Schweizer Hof (Blick zum Schweizer Tor) Ende des Jahres 1916: Der Sarg Kaiser Franz Josephs, der in der Kapelle der Hofburg aufgebahrt gewesen war, wird auf den Leichenwagen gehoben.

Die Wiener Hofburg

Die kaiserliche Winterresidenz

Kaum eine andere Residenz der Habsburger verfügt über eine ähnlich spannende Baugeschichte wie die Wiener Hofburg: Ihre Anfänge reichen bis in das 13. Jahrhundert zurück, die letzte bauliche Umgestaltung erfolgte erst kurz vor 1900. In der frühesten Bauperiode errichtete man den bis heute bestehenden Teil der Alten Burg, der erst später nach der darin diensttuenden Garde „Schweizer Hof“ genannt wurde. Bei diesem Gebäudeblock handelte es sich um eine beinahe quadratische, vierflügelige Wehrburg mit vier Ecktürmen, um die ein Wassergraben führte (ein Teil dieses Grabens ist im Inneren Burghof vor dem Schweizer Tor noch zu sehen).
Im Laufe der folgenden Jahrhunderte baute man hier und dort an – so ließ Kaiser Ferdinand I. um die Mitte des 16. Jahrhunderts im Nordosten einen kurzen Flügel anhängen, zur Stadt gewendet entstanden das Ballhaus und eine Galerie – oder man errichtete einzelne freistehende Gebäude rund um die Burg: wie das Hofspital, die Amalienburg (an der Seite zum Ballhausplatz) und die Stallburg in Richtung der Innenstadt. Unter Kaiser Leopold I. wurden im 17. Jahrhundert dann erstmals einzelne Gebäude baulich zusammengefaßt: Er ließ die alte Burg mit der Amalienburg durch den nach ihm benannten Leopoldinischen Trakt verbinden. Trotzdem befanden sich aber auch damals noch etliche freistehende Gebäude rund um den Schweizer Hof: die sogenannte „gedeckte Reitschule“, das Neue Komödienhaus und einige Häuser der Hofkanzleien. Sie alle fielen Bränden oder späteren Umbauten zum Opfer.
Besonders interessant waren die baulichen Entwicklungen im fortschreitenden 17. und 18. Jahrhundert. Während dieses Zeitraums erhielt die Hofburg etliche neue Flügel und verfügt seither vermutlich als einzige Residenz Europas über Bauelemente aus allen barocken

Epochen. Als zeitlich frühestes Element ist der schon erwähnte Leopoldinische Trakt anzuführen, im Hochbarock kamen die Hofbibliothek, erbaut von Johann Bernhard Fischer von Erlach, und der Hildebrandtsche Teil der Reichskanzlei (mit der Fassade zur Schauflergasse) dazu, während die Winterreitschule und der restliche Teil des Reichskanzleitrakts (zum inneren Burgplatz) aus dem ausklingenden Barock stammen. Als Kuriosum ist hinzuzufügen, daß manche der im 18. Jahrhundert geplanten Gebäudeteile – so der Michaelertrakt mit der Michaelerkuppel – erst im 19. Jahrhundert ausgeführt wurden.

Andere barocke Flügel – wie das alte Burgtheater und der neue Augustinergang, der den Schweizer Trakt mit dem kaiserlichen Bauhof (dem späteren Palais Silva-Tarouca) verband – bestehen heute nicht mehr. Sie wichen wie vieles andere den Bauten der franzisko-josephinischen Ära. In diese Zeit fielen die umfangreichsten Umgestaltungen und Zubauten der Hofburg. Mit den neuen Trakten – dem letzten Bauteil des Michaelertraktes und der allerdings nur zur Hälfte ausgeführten Neuen Burg in Richtung Heldenplatz – wurde das Areal um das Doppelte vergrößert. Würde man die ebenfalls erst in der Regierungszeit Kaiser Franz Josephs entstandenen Gebäude der Hofmuseen (an der Ringstraße) und der Hofstallungen (heute Messepalast) noch hinzurechnen, so hätte sich die ursprüngliche Fläche seit Beginn der Baugeschichte sogar verfünf- bis versechsfacht.

Weniges blieb vor der Bauwut des 19. Jahrhunderts verschont: aufgepropfter Anbau am Leopoldinischen Trakt der Hofburg. Der Flügel stammt aus dem 17. Jahrhundert und verband als erstes den damals freistehenden Schweizer Hof mit der Amalienburg.
Aus maria-theresianischen Zeiten stammen der Balkon und das Bett im Schlafzimmer der Kaiserin, das sich heute allerdings in Schloß Schönbrunn befindet (unten).

Wie schon in Schloß Schönbrunn ließ Erzherzogin Sophie, die Mutter Kaiser Franz Josephs, auch in der Hofburg als erstes die Toiletten modernisieren. Denn wie in allen Habsburger Residenzen befanden sich dort ausschließlich Nachttöpfe, im besten Fall – hinter Vorhängen versteckte – „Zimmerretiraden". Dabei handelte es sich um Leibstühle aus Mahagoniholz, in denen Porzellantöpfe mit Goldrand und Kaiserwappen steckten. Zur Ehre des Wiener Hofes muß allerdings hinzugefügt werden, daß im 19. Jahrhundert kaum ein mitteleuropäisches Schloß über bessere körperhygienische Anlagen verfügte. Im Jahr 1835 wurde also im

Kaiser Franz Joseph, der an der Wiener Hofburg am ausgiebigsten anbaute, verläßt diese – gemeinsam mit Kaiser Wilhelm II. (1903) – durch das Heldentor in Richtung Ringstraße.
Unten: Das Arbeitszimmer des Kaisers mit dem Gemälde seiner Mutter (oberhalb des Sofas) und dem Mobiliar aus seiner Herrschaftsepoche.

Kaiserin Elisabeth und Kaiser Franz Joseph zu Pferd vor den ehemaligen Hofstallungen (beide Aufnahmen aus dem Jahr 1863).

Leopoldinischen Trakt der Hofburg der erste „geruchlose Bequemlichkeits-Ort nach englischer Art“ (eine fix montierte Toilette mit Wasserspülung) eingebaut. Er befand sich neben dem Ankleidezimmer Erzherzogin Sophies, war mit weißem Glanzpapier bezogen und wurde mit Wasser aus der Wiener Innenstadt versorgt. Trinkwasser wurde allerdings täglich von der Quelle aus Schönbrunn bezogen, das man auch auf Reisen in verlöteten Behältern mitnahm. Bei ihren Enkeln, den kleinen Erzherzogen Gisela und Rudolf, die ihre Mutter 1861 nach mehrmonatiger Abwesenheit in Venedig treffen sollten, erlaubte Erzherzogin Sophie die Reise nur unter der Bedingung, daß die Kinder während der gesamten Zeit mit Wasser aus Schönbrunn versorgt werden würden.

Es ist denkbar, daß der tägliche Wassertransport von Schönbrunn in die Hofburg „unter der Erde“ durchgeführt wurde. Denn die beiden Schlösser waren – so wird immer wieder berichtet – vermutlich durch einen unterirdischen Gang miteinander verbunden. Außer dieser Verbindung bestanden etliche andere Geheimgänge, die von der Hofburg zu naheliegenden Gebäuden der Innenstadt führten: So gab es verdeckte Wege zum Kaiserhaus (dem ehemaligen Palais Lamberg) in der Wallnerstraße 3, in das dem Palais Lobkowitz gegenüberliegende Gebäude, das hauptsächlich als Gästehaus verwendet wurde, und in ein Haus in der Schauflergasse direkt neben der Hofburg. Unter allen Schloßbewohnern benützte Kaiserin Elisabeth diesen unterirdischen Weg am häufigsten. Sie besuchte dort oft und gerne ihre Vorleserin und innige Vertraute Ida von Ferenczy und genoß es, von diesem Gebäude aus unbeobachtet ins Freie gelangen zu können.

Erzherzogin Sophie, die Mutter Kaiser Franz Josephs, führte am Wiener Hof etliche Neuerungen im sanitären und hygienischen Bereich ein.

„Idyll in Venedig“ (Photo nach einem Gemälde): Kaiserin Elisabeth mit ihren Kindern und der Kinderfrau, Baronin Welden, in einer Gondel.

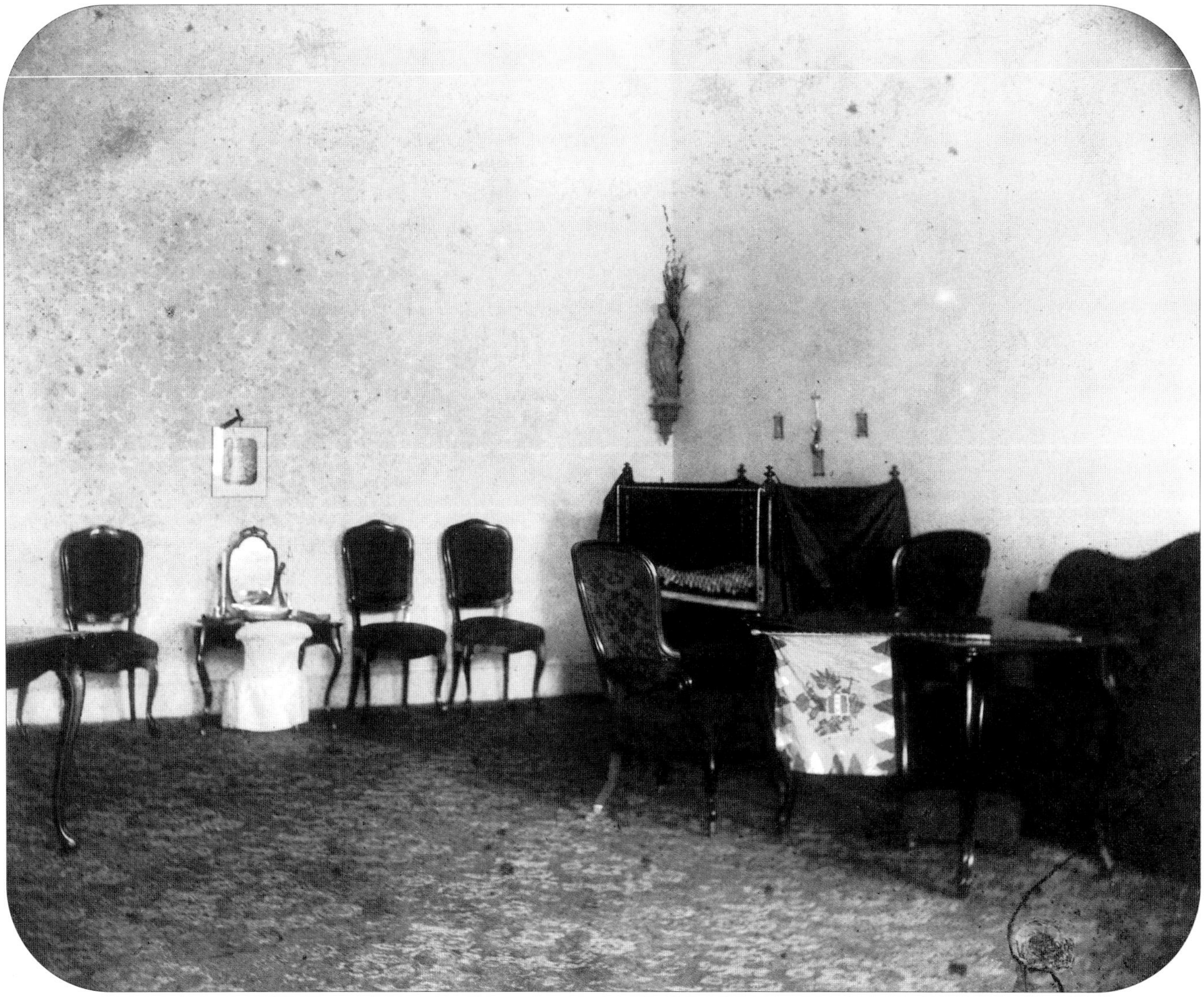

Photographische Kostbarkeiten aus der Kinderzeit Kronprinz Rudolfs: das Schlafzimmer des kleinen Prinzen im Schloß Schönbrunn und der zweieinhalbjährige Sohn Kaiser Franz Josephs auf einem Schaukelpferd (rechts).

Für Interessierte: Wer auf den Spuren Kaiser Franz Josephs wandeln möchte, der kann seine ehemaligen Wohn- und Amtsräume in der Hofburg besichtigen und in der Hofsilber- und Tafelkammer die habsburgischen Geschirrbestände aus mehreren Jahrhunderten bewundern. Wer sich für kaiserliches Interieur interessiert, sollte das Hofmobiliendepot in Wien 7., Andreasgasse 7, besuchen, wo sich eine reiche Auswahl an historischem Mobiliar befindet. An Kaiserin Elisabeth erinnert in der Nähe der Hofburg, im sogenannten Volksgarten (in Richtung zum Burgtheater) ein monumentales Denkmal, neben dem sich die Statue ihres Ehemannes, Kaiser Franz Josephs, sehr unbedeutend ausnimmt. Ganz abgesehen davon, daß man das Standbild des Kaisers erst finden muß. Es steht im Burggarten, im Sommer von dichtem Laubwerk umrankt, mit dem Rücken schräg gegen die Ringstraße und das Goethe-Denkmal gerichtet.

Kaiserin Elisabeth im Photostudio Ludwig Angerers (oben) und auf der gegenüberliegenden Seite eine Interieuraufnahme aus der Hofburg: die Lieblingstochter der Kaiserin, Erzherzogin Marie Valerie, im Schlafzimmer der Mutter (am Abend der Unterzeichnung ihres Ehepaktes am 16. Juni 1890).

Das Augartenpalais und sechs Interieuransichten: So präsentierte sich die Residenz Erzherzog Ottos nach dem Umbau um die Jahrhundertwende.

Das Augartenpalais

Vom Jagdschloß zur Stadtresidenz

Wie Schloß Schönbrunn verfügt auch das Palais im Augarten über eine wechselvolle Besitzergeschichte. Kaiser Ferdinand III. hatte zu Beginn des 17. Jahrhunderts ein Jagdareal erworben, das sein Sohn und Nachfolger, Kaiser Leopold I., um angrenzende Grundstücke und ein Gartenschloß erweiterte. Diesen Bau, der „Alte Favorita" (= „die alte Bevorzugte") genannt wurde, zerstörten allerdings die 1683 bis Wien vordringenden Türken – ein Schicksal, das auch Schloß Schönbrunn und etliche andere Residenzen der Kaiserfamilie treffen sollte.

Daraufhin gelangte der Augarten nach etlichen Besitzerwechseln erst wieder 1775 in habsburgischen Besitz. Kaiser Joseph II. kaufte das Areal einschließlich eines darauf befindlichen Palais zurück und erweiterte es um zwei niedrige Flügel. Den Park öffnete er den Wienern als Ausflugsziel, seine Zueignung ist auf dem von Hofarchitekt Isidor Canevale entworfenen Eingangstor zu lesen: „Allen Menschen gewidmeter Erlustigungs-Ort von ihrem Schätzer". In der Glanzzeit der Anlage, auf der sich alle Arten von Vergnügungsstätten befanden, leitete Wolfgang Amadeus Mozart dort die sogenannten „Morgenkonzerte".

Etwas mehr als hundert Jahre nach dem Wirken des großen Musikers und Komponisten wurde das Augartenpalais grundlegend umgestaltet. Damals bewohnte es ein ebenfalls künstlerisch tätiger Mann, der dem österreichischen Herrscherhaus entstammte und sich in Wien ähnlicher Beliebtheit erfreute wie einst Wolfgang Amadeus Mozart: Erzherzog Otto, ein Neffe Kaiser Franz Josephs, hatte das Schloß (in dem heute die Wiener Sängerknaben untergebracht sind) einschließlich einer eigenen Hofhaltung mit Hofküche und Lipizzanerpferden von seinem Onkel als Residenz zugewiesen bekommen.

Anlaß dafür und für eine folgende Standeserhöhung des Erzherzogs war eine lebensbedrohliche Tuberkuloseerkrankung, an der der damalige Thronfolger Erzherzog Franz Ferdinand litt. Um ihn zu entlasten, zog Kaiser Franz Joseph Erzherzog Otto, den nächstältesten Bruder des Thronfolgers, näher an sich heran und betraute ihn mit den Aufgaben, die vorher Franz Ferdinand innegehabt hatte. Otto war ein heiterer und zugänglicher Mensch, der die an ihn gestellten Aufgaben nicht nur zufriedenstellend bewältigte, sondern mit seiner natürlichen Art sogar die Gunst des sonst spröden Onkels gewann. Schließlich begann Franz Joseph diesen Neffen wirklich zu lieben und zu schätzen, ihm Gefühle entgegenzubringen, die er für Franz Ferdinand niemals empfunden hatte. Er war Ottos Charme richtig verfallen und wünschte sich innig, daß er sein Nachfolger würde. Doch die Geschichte verlief völlig anders, als sich der Kaiser erhofft und erwartet hatte. Denn Erzherzog Franz Ferdinand genas von seiner Krankheit und übernahm wie ehedem die Pflichten und Aufgaben, die ihm als Thronfolger zufielen.

Erzherzogin Maria Josefa, die Ehefrau Erzherzog Ottos, an ihrem Schreibtisch im Augarten (Aufnahme von Erzherzog Otto).

Obwohl Erzherzog Otto und seine Familie das Schloß im Augarten um die Mitte der neunziger Jahre bezogen hatten, wurde es erst 1899 renoviert (also zu einem Zeitpunkt, an dem Franz Ferdinand seinen Bruder schon wieder abgelöst hatte). Während die ersten Umbaupläne eine sanfte Erneuerung vorsahen (das Gebäude sollte in den Grundzügen erhalten bleiben), veränderte man mit fortschreitender Arbeit immer stärker den ursprünglichen Charakter: Auf den Kernbau setzte man ein Stockwerk auf, an der Seite fügte man zwei dreigeschossige Flügel an, und schließlich wurden auch die Innenräume ganz neu ausgestattet.

Was die Änderung in der Thronfolgeregelung – also die Rückkehr zur früheren Ordnung – betraf, so war darüber niemand glücklicher als Erzherzog Otto selbst. Er konnte sich endlich wieder den Dingen widmen, die ihn wirklich interessierten: dem Malen und dem Photographieren. Allerdings währte diese Phase des Privatisierens nicht lange, denn schon im Jahr 1900 rückten Otto und seine Familie abermals in den Mittelpunkt der Geschehnisse rund um die Thronfolgefrage. Am 1. Juli dieses Jahres schloß sein Bruder Franz Ferdinand eine nach habsburgischem Hausgesetz unstandesgemäße Ehe mit Gräfin

Erzherzog Franz Ferdinand (Bildmitte im Profil nach rechts) am Pferderennplatz in Prag. Als er in den neunziger Jahren unter einer lebensbedrohlichen Krankheit litt, übernahm sein Bruder, Erzherzog Otto, die Pflichten des Thronfolgers.
Unten: Erzherzog Maximilian, der zweite Sohn Erzherzog Ottos und einzige Bruder des nachmaligen Kaisers Karl, lenkt einen Ponywagen im Schloßareal (Aufnahme Erzherzog Ottos, Augarten 1905).

Fronleichnamsprozession während des Ersten Weltkriegs im Augartenpark.

Sophie Chotek, in deren Folge er für seine noch ungeborenen Söhne auf die Kaiserwürde verzichten mußte. Die Thronfolge fiel also noch einmal an Erzherzog Otto zurück, der allerdings nach nur sechs Jahren Anwartschaft im Alter von 41 Jahren verstarb. Daraufhin übernahm sein ältester Sohn, Erzherzog Carl Franz Joseph, das Amt und wurde als Karl I. nicht nur der nächste, sondern auch der letzte Kaiser von Österreich.

Für Interessierte: In der „Alten Favorita" ist seit 1923/24 die Wiener Porzellanmanufaktur „Augarten" untergebracht, im Palais Erzherzog Ottos wohnen, studieren und musizieren die Wiener Sängerknaben.

Kaiserin Zita, die Ehefrau Kaiser Karls, anläßlich der Fronleichnamsmesse im Augarten (vermutlich im Frühsommer 1915). Erste Reihe von links nach rechts: Herzogin Maria Antonia von Parma, die Mutter Kaiserin Zitas, Erzherzogin Maria Josefa, die Mutter Kaiser Karls, Kronprinz Otto, die Kaiserin und Erzherzogin Maria Annunziata, eine Tante Kaiser Karls.

Der – wie alle ähnlichen Säle des 18. Jahrhunderts – der Versailler „Galérie des glasses“ nachempfundene Spiegelsaal im barocken Schloß Hetzendorf.

Schloss Hetzendorf

Wohnung des letzten Thronfolgerpaares

Wie viele Habsburger Residenzen kann auch Schloß Hetzendorf auf eine verwickelte Besitzergeschichte verweisen, die Ende des 17. Jahrhunderts begann, als Johann Bernhard Fischer von Erlach für Graf Sigismund Thun 1694 ein Jagdschlößchen errichtete, das nach seinem Besitzer „Thunhof" oder „Thunswert" genannt wurde. Schon eine Generation später fand sich das Gebäude im Besitz Fürst Anton Florians von Liechtenstein, dessen Ehefrau, eine geborene Gräfin Eleonore Thun, das Anwesen geerbt und in die Ehe eingebracht hatte. Der Fürst ließ es durch Johann Lukas von Hildebrandt umbauen und später noch zweimal ändern und erweitern. Mit dem Tod Anton Florians kam das Gebäude in den Besitz seiner Tochter Marie Karoline, die mit Altgraf Franz Wilhelm zu Salm-Reifferscheidt verheiratet war. Da diese Ehe kinderlos blieb, scheint das Schloß nach dem Tod Marie Karolines dem Liechtensteinischen Fideikomiß zugefallen zu sein. Jedenfalls wurde es 1742 auf Veranlassung Fürst Johann Wenzels als Witwensitz für Kaiserin Elisabeth Christine an die Hofkammer verkauft. Deren Enkel, Kaiser Joseph II., Sohn und Nachfolger Kaiserin Maria Theresias, vergrößerte Hetzendorf später um einige Nebengebäude und wohnte in seinen letzten Lebensjahren zeitweilig im Schloß.

Ab 1800 lebten hier einige unverheiratet gebliebene Erzherzoge, nach dem Tod Erzherzogin Maria Annas, einer Schwester Kaiser Ferdinands I., im Jahre 1858 wurden in Hetzendorf hauptsächlich Gäste des Kaiserhauses untergebracht. Erst 1911, als man anläßlich der Hochzeit des späteren Kaisers Karl mit Prinzessin Zita von Bourbon-Parma eine Residenz für das Brautpaar suchte, wurde das Schloß als Familienwohnsitz eingerichtet. Umfangreiche Umbauarbeiten wurden in Auftrag gegeben, das Gebäude modernisiert und elektrifiziert sowie

Die erzherzogliche Familie im Januar 1914 mit Kronprinz Otto und der in Schloß Hetzendorf geborenen Erzherzogin Adelhaid.

mit einer neuen Heizung und einem Telefonanschluß versehen. Nach zwei Jahren Bauzeit konnte die nunmehr dreiköpfige junge Familie (dem Paar war inzwischen der erste Sohn Otto geboren worden) das Schloß zwar beziehen, die Arbeiten waren aber noch immer nicht abgeschlossen. Als das Gebäude endlich fertiggestellt war, erforderten die politischen Ereignisse einen neuen Wohnungswechsel: Ein Jahr nach dem Einzug in Schloß Hetzendorf wurde Karls Onkel, Erzherzog Franz Ferdinand, in Sarajevo ermordet. Daraufhin brach der Erste Weltkrieg aus, Erzherzog Karl wurde Thronfolger und zog auf Anweisung Kaiser Franz Josephs mit seiner Familie nach Schloß Schönbrunn.

Der Haushalt von Schloß Hetzendorf wurde am Ende des Ersten Weltkriegs, im März 1918, aufgelöst – aus dieser Zeit stammen die letzten habsburgischen Inventarlisten. Mit dem Zusammenbruch der Monarchie am Ende desselben Jahres gelangte das Gebäude in den Besitz der neugegründeten Republik Österreich, seit 1946 sind darin die Modeschule der Stadt Wien und die Modesammlung des Historischen Museums der Stadt Wien untergebracht.

Das barocke Schloß Hetzendorf um 1800 (Aquarell von Kaiserin Maria Theresia, der zweiten Ehefrau Kaiser Franz' II./I.).

Die neomittelalterliche Franzensburg im Schloßpark von Laxenburg.

Schloss Laxenburg

Die Frühjahrsresidenz der Habsburger

Wie zahlreiche Habsburger Schlösser stand auch Schloß Laxenburg ursprünglich im Besitz einer anderen Familie. Eine erste Burg aus dem 13./14. Jahrhundert gehörte dem Geschlecht der Laxendorfer, von denen die Anlage ihren Namen erhielt. Seit dem frühen 14. Jahrhundert befand sich die Liegenschaft im Besitz der Habsburger, die das wildreiche Areal als Jagdrevier nutzten und das mittlerweile zu einem Schloß angewachsene Gebäude hauptsächlich während der Jagdzeit bewohnten. Zu Beginn des 17. Jahrhunderts war die Laxenburg in – diesmal rechtmäßigem – Besitz Kaiserin Eleonores (jener Frau, die Schloß Schönbrunn ihrem Kammerrat Baron Miglio in einem Schenkungsbrief übergeben hatte), fünfzig Jahre später wurde das Schloß von den Türken zerstört und wie die meisten anderen niedergebrannten Residenzen der Familie neu aufgebaut.
Knappe hundert Jahre danach nützte Kaiserin Maria Theresia den damals bescheidenen Landsitz für regelmäßige Frühjahrsaufenthalte. Während ihrer Herrschaft wurde der Blaue Hof dazugekauft, großzügig erweitert und von ihrem Hofarchitekten Nikolaus Pacassi zu einem bequemen Wohnschloß umgebaut. Den letzten bedeutenden Zubau erhielt Laxenburg unter Kaiser Franz II./I., der zu Beginn des 19. Jahrhunderts die nach ihm benannte Franzensburg – die Nachahmung einer mittelalterlichen Burg – in den Schloßpark setzen ließ. Weil der Bau aber nicht zuviel kosten sollte, wurden die Gemeinden der Donaumonarchie aufgerufen, ihren Anteil dazu beizutragen. Folgsam lieferten sie ihrem Herrscher Fenster, Türen und bedeutende Architekturteile, die sie aus baufälligen Klöstern und säkularisierten Kirchen herauslösten – aus Klosterneuburg schickte man sogar eine ganze Kapelle aus der Zeit des Babenberger Herzogs Leopold VI.

Kaiser Franz Joseph, der Enkel von Kaiser Franz II./I. (der Privatvergnügungen übrigens aus eigener Tasche bezahlte), bewohnte Schloß Laxenburg kurz nach seiner Vermählung mit Prinzessin Elisabeth von Bayern.
Es war für die Flitterwöchner zwar neu hergerichtet worden, stellte für die junge Kaiserin aber eine große Enttäuschung dar. Außerdem begann sie sich dort bald zu langweilen, da ihr Ehemann schon kurz nach der Hochzeit wieder seinen Amtsgeschäften nachging. Das bedeutete, daß er täglich morgens nach Wien fuhr und erst gegen Abend wiederkam. Die knapp Siebzehnjährige fühlte sich unbeachtet, einsam und allein. Um dem Alltagstrott zu entrinnen, ersann sie – zum Leidwesen ihrer Gefolgsleute – kleine Abenteuer, die sie alleine erleben wollte. Oftmals entwischte sie mit einem Pferd, um die Gegend rund um Laxenburg zu erkunden. Diese „Mutproben“ liefen natürlich gegen jedes Protokoll, da es einer Kaiserin von Österreich niemals gestattet sein konnte, alleine auszureiten. Und zwar weniger wegen des Hofzeremoniells als wegen des enormen Sicherheitsrisikos, das die unbegleitete und ungeschützte Frau darstellte.
Obwohl sie Laxenburg nicht besonders leiden mochte, brachte Kaiserin Elisabeth dort im August des Jahres 1858 Kronprinz Rudolf, ihren ersten und einzigen Sohn, zur Welt. Hauptsächlich wohl deshalb, weil sie in Schloß Schönbrunn, wo sie ständig von einer Hundertschaft von Bediensteten umgeben war, noch weniger Lust auf Gebären hatte.
Auf die Launen der Kaiserin und darauf, sie bei ihrem Ehemann durchzusetzen, ist möglicherweise die großzügige Umgestaltung der Appartements im Blauen Hof während der Regierungszeit Kaiser Franz Josephs zurückzuführen. Die Räume wurden damals – zum Leidwesen jedes Kunsthistorikers – völlig neu ausgestattet: Alles maria-theresianische und Biedermeiermobiliar wurde durch „moderne“ Gründerzeitmöbel ersetzt.

Salon im „Ritterschloß Laxenburg“ (gemeint ist die Franzensburg) mit einem Gemälde des Auftraggebers Kaiser Franz II./I. (li.). Hier gab es sogar ein Burgverlies, einen Thronsaal und neben dem Schloß einen Turnierplatz (unten).

Der Blaue Hof von Laxenburg, der aus der Regierungsepoche Kaiserin Maria Theresias stammt.

Empfang im Schloßgarten von Laxenburg aus Anlaß des Besuchs von Kaiser Wilhelm II. und seiner Frau Auguste Viktoria, geborene Prinzessin zu Schleswig-Holstein.
Kaiserin Elisabeth und ihr einziger Sohn, Kronprinz Rudolf, der im Sommer 1858 in Schloß Laxenburg zur Welt kam.

Kronprinz Otto und seine Schwester, Erzherzogin Adelhaid, die beiden ältesten Kinder Kaiser Karls, vor dem Blauen Hof in Laxenburg.

Irgendwann verlor das Kaiserpaar das Interesse an Schloß Laxenburg, weshalb man es in der Folge als Unterkunft für Gäste verwendete. 1881 diente es allerdings noch einmal einem frisch vermählten Paar als Wohnsitz: Wie seine Eltern, Kaiser Franz Joseph und Kaiserin Elisabeth, lebte auch Kronprinz Rudolf nach der Hochzeit mit Prinzessin Stephanie von Belgien für einige Zeit in dem Landschloß, das sich damals schon seit beinahe 600 Jahren im Besitz der Familie befand. Sein einziges Kind Elisabeth, die spätere „rote Erzherzogin", wurde 1883 als letzte Habsburgerin in Laxenburg geboren: genau fünfundzwanzig Jahre, nachdem ihr Vater dort das Licht der Welt erblickt hatte.

Kaiser Karl, der letzte Habsburger Herrscher von Österreich, hat zwischen 1916 und 1918 in Laxenburg einige Staatsgäste empfangen. So fand dort in den Tagen des Ersten Weltkriegs eine Zusammenkunft zwischen ihm und dem deutschen Kaiserpaar statt, ebenso wie er in Laxenburg seine beiden Schwäger, die Prinzen Sixtus und Xavier von Bourbon-Parma, im März 1917 damit betraute, Friedensverhandlungen mit Frankreich zu führen. Die beiden jungen Männer sollten versuchen, für Österreich einen Separatfrieden zu erreichen – eine Aufgabe, die ihnen in Überschätzung ihrer Befugnisse nicht nur völlig mißlang, sondern die auch noch aufgedeckt wurde und in der unseligen „Sixtus-Affäre" endete.

Für Interessierte: Der Schloßpark und die Franzensburg sind während des ganzen Jahres zu besichtigen, während der maria-theresianische Bau nur anläßlich von Ausstellungen (Antiquitätenmessen u. ä.) besucht werden kann.

Ischl, wie es bis heute der Idealvorstellung der meisten Menschen entspricht: Kaiserwetter und der Herrscher selbst mit einer Enkelin auf dem Balkon seiner Villa (Empfang aus Anlaß des 70. Geburtstages von Kaiser Franz Joseph am 18. August 1900).

Die Kaiservilla in Ischl

Ein großzügiges Hochzeitsgeschenk

Auch wenn man sich Ischl schwer ohne Kaiser Franz Joseph vorstellen kann: Aber der Zeitpunkt, an dem die Habsburger zum erstenmal ins Salzkammergut kamen, liegt dennoch einige Jahre vor seiner Geburt. Erzherzogin Sophie, seine Mutter, die innerhalb der ersten fünf Ehejahre fünf Fehlgeburten erlitten hatte, unterzog sich nach etlichen erfolglosen Behandlungen im Sommer des Jahres 1829 einer Kur in Ischl, woraufhin sie wenig später wieder ein Kind erwartete. Da sie die Schwangerschaft (mit der Geburt des nachmaligen Kaisers) diesmal ohne Komplikationen beendete, führte man den Erfolg auf die Kuren in Ischl zurück: berechtigterweise, denn nach zwei weiteren Aufenthalten schenkte sie noch zwei Söhnen das Leben.

Die Kaiservilla nach dem Umbau in der Grundrißform eines „E" für „Elisabeth"

Sei es wegen dieses glücklichen Umstandes oder sei es darum, daß man sich in Ischl einfach nur wohl fühlte: in Hinkunft reiste die langsam anwachsende Familie jeden Sommer in den oberösterreichischen Kurort. Man wohnte in verschiedenen Gästehäusern, zuletzt über zwanzig Jahre im Seeauerhaus an der Esplanade Nummer 10, wo im August 1853 die Zuneigung Kaiser Franz Josephs zu seiner Cousine, Prinzessin Elisabeth von Bayern, in Form der Geschichte machenden Verlobung besiegelt wurde.

Wie war es nun zu diesem Bündnis gekommen, von dem die Historiker bis heute mehr ahnen als wissen und das nicht nur in den „Sissy-Filmen" falsch dargestellt wurde? – Alles begann damit, daß der damals 23jährige Kaiser eines Tages den dringenden Wunsch verspürte, sich baldigst zu verheiraten, offensichtlich aber nicht wußte, wen. Um ihm die Entscheidung zu erleichtern, lud man die Cousinen, die beiden bayerischen Prinzessinnen Helene und Elisabeth, zu seinem Geburtstagsfest nach Ischl. Daß man ihm zwei Schwestern präsentierte, sollte ihm eine – wenn auch kleine – Auswahl ermöglichen. Kaiser Franz Joseph entschied sich augenblicklich für die jüngere der beiden, was genauso wenig bekannt ist, wie die Wirkung, die die Entscheidung bei seiner Mutter hervorrief. Denn Erzherzogin Sophie freute sich nicht nur außerordentlich über die bevorstehende Heirat ihres Sohnes, sondern schloß ihre Nichte auch vom ersten Augenblick an als innige geliebte Schwiegertochter in die Arme. Wer daran zweifelt, dem sei zumindest die Lektüre jenes Briefes anempfohlen, den die Erzherzogin kurz vor der Verlobung einer Cousine schrieb: „Mein Carl (ihr Ehemann), der ein sehr guter Beobachter ist, sagte mir, daß in dem Augenblick, als der Kaiser Sisi erblickte, ein Ausdruck so großer Befriedigung in seinem Gesicht erschien, daß man nicht mehr zweifeln konnte, auf wen seine Wahl fallen würde ... (Schon einen Tag später kam Franz Joseph zu mir und sagte), ich möge Luise (Herzogin Ludovika in Bayern, die Mutter Elisabeths) bitten, Sisi auszuforschen, ob sie ihn haben wolle, ‚aber', setzte er mit seiner gewohnten Bescheidenheit dazu, ‚bitte so, daß sie keinerlei Druck auf ihre Tochter ausüben wolle'... Ich war so glücklich und lief gleich zu Elise (eine ihrer Schwestern), um ihr meine Freude mitzuteilen ... Am Abend konnte ich mir es nicht versagen, im Vorübergehen Elise und den Brüdern zu sagen: ‚Ich bin so glücklich!'" (Brief vom 17./18. August 1853)

Weil die Mutter des Kaisers „so glücklich" war – und blieb –, kaufte sie zur Erinnerung an den Tag und den Ort ein Haus, das sie dem jungen Paar zur Hochzeit schenkte: die damals noch verhältnismäßig kleine Biedermeiervilla des Notars Josef August Eltz. Eltz war übrigens nicht nur ein angesehener Jurist aus Wien, sondern stand auch einem bedeutenden Künstler seiner Zeit Modell. Von ihm, seiner Familie und dem Ischler Anwesen schuf der Maler Ferdinand Georg Waldmüller eines seiner bemerkenswertesten Gemälde. Die Villa des Wiener Notars war aber schon Jahre vor dem Verkauf regelmäßig vermietet worden; zuletzt hatte sie Staatskanzler Fürst Clemens Metternich in den Sommermonaten mit Ehefrau und Kindern bewohnt.

Nachdem die Habsburger Eigentümer des Gebäudes

Bildnis des Notars Dr. Josef August Eltz mit seiner Familie in Ischl von Ferdinand Georg Waldmüller, 1835.

Zwei sensationelle Photos (vom 70. Geburtstag des Kaisers in Ischl) – der private Familienempfang, aufgenommen von Herzog Philipp von Württemberg, der mit einer Cousine Kaiser Franz Josephs verheiratet war. Oben: der Burgbischof im Gespräch mit Prinz Georg von Bayern (li.), in der Mitte der Kaiser selbst, mit dem weißen Kleid und dem Rücken zum Betrachter die später „rote Erzherzogin" genannte Enkelin Elisabeth, und in vorderster Reihe Erzherzog Franz Salvator, ein Schwiegersohn des Kaisers. Unten: Prinz Leopold von Bayern, ein Schwiegersohn (2.v.li.), und seine beiden Söhne, die Prinzen Conrad und Georg (re.u.li. des Burgbischofs), Enkel Kaiser Franz Josephs.

Wenn Kaiserin Elisabeth (oben in einem Wiener Photostudio mit ihrem Hund Horseguard) auch niemals so gnädig war, sich in Ischl ablichten zu lassen, so durften dort zumindest der Hundejunge mit zweien ihrer Hunde, der Dogge „Shadow" und einer Bracke, aufgenommen werden (Ischl, 1871).

geworden waren, ließ Erzherzogin Sophie es renovieren, damit Kaiser Franz Joseph und seine junge Frau es so bald wie möglich beziehen konnten. Im August 1854 (also vier Monate nach der Hochzeit) war es soweit, und das frisch vermählte Paar wohnte zum ersten Mal in der später nach ihrem berühmten Bewohner benannten „Kaiservilla". Die heutige Form erhielt das Gebäude allerdings erst im Jahr 1873. Das Haus war der mittlerweile fünfköpfigen Familie, die dort auch mit Dienerschaft lebte, zu eng geworden. Daraufhin wurde es umgebaut und vergrößert und erhielt den markanten Grundriß in Form des Buchstaben „E" (für „Elisabeth"), einer der zahlreichen Liebesbeweise Kaiser Franz Josephs an seine Frau. Die Eltern des Kaisers, die die Villa gekauft und weitergeschenkt hatten, betraten das Gebäude übrigens immer nur als Gäste bei Familiendiners. Gewohnt haben sie während ihrer Ischler Aufenthalte weiterhin im „Seeauerhaus" an der Esplanade (später hieß es Hotel Austria), in dem Jahre zuvor die Verlobung ihres Sohnes und ihrer Nichte stattgefunden hatte.

Die Kaiservilla und der umliegende Park zählen zu den wenigen Liegenschaften, die sich bis heute in Familienbesitz befinden. Denn als die Monarchie abgeschafft wurde, verfügten die neuen Machthaber nicht nur über das ärarische, sondern auch über das Privateigentum der Habsburger. Nur einiges Wenige wurde zurückerstattet, wenn sich die Familienmitglieder bereit erklärten, auf ihren Thronanspruch zu verzichten. Erzherzogin Marie Valerie, die jüngste Tochter Kaiser Franz Josephs, die Erbin der Villa, hat gemeinsam mit ihrem Mann, der ebenfalls ein Habsburger war, den Verzicht geleistet. Deshalb durfte sie das Gebäude tatsächlich behalten, wenn man ihr im ersten Jahr nach dem Krieg auch nur drei Tage Aufenthalt darin erlaubte. Heute ist die Kaiservilla im Besitz eines ihrer Enkel, der sie mit seiner Familie bewohnt.

Für Interessierte: Die Kaiservilla mit den Wohnräumen und Jagdtrophäen Kaiser Franz Josephs ist nur im Sommer zu besichtigen, während das Museum der Stadt Bad Ischl, das ehemalige Seeauerhaus (später: Hotel Austria) beinahe das ganze Jahr geöffnet hat. Gourmets sollten nicht versäumen, beim ehemaligen „k. k. Hofzuckerbäcker Zauner" eine Kaffeepause einzurichten.

Der Kammerhof in Eisenerz mit kaiserlichem Jäger (1892).

Eisenerz, Radmer, Mürzsteg, Langbathsee und Offensee

Fünf kaiserliche Jagdhäuser

Zu den wenigen Leidenschaften, denen Kaiser Franz Joseph als Privatmann nachging, gehörte die Jagd, die er – sobald es seine Geschäfte zuließen – eifrig betrieb, und man darf sich deshalb nicht darüber wundern, daß dieser sonst so sparsame Herrscher außer der Villa in Ischl und dem dortigen Jagdgebiet eine stolze Menge an Jagdschlössern, Forsthäusern und Wildbeständen in Oberösterreich und in der Steiermark besaß. Zu einem der bevorzugten Reviere zählte Eisenerz mit dem Leopoldsteiner See. Dort hatte der Kaiser 1871 den Kammerhof erworben, ein im Kern aus dem 16./17. Jahrhundert stammendes Gebäude, das sich ehemals im Besitz der Kammergrafen von Innerberg befunden hatte und seit jeher dem jeweiligen Landesfürsten als Jagdabsteigequartier zur Verfügung stand.

Kaiser Franz Joseph ließ den Kammerhof zu einem Jagdsitz umbauen, stattete ihn schlicht und mit zahlreichen Trophäen aus (die Inneneinrichtung seiner Jagdhäuser glich sich auf erschreckend phantasielose Weise) und kaufte – wie für die meisten seiner Privatresidenzen – Bilder mit Jagdszenen, die sein Lieblingsmaler Franz Xaver Pausinger gemalt hatte. Sie hingen in beinahe jedem Raum des Gebäudes, ebenso wie sie die Wände der anderen Jagdschlösser und sogar jene der Villa im Nobelkurort Ischl schmückten.

1871 (also im selben Jahr, in dem er den Kammerhof kaufte und umbaute) ließ der Kaiser in dem nahe Eisenerz liegenden Ort Radmer ein Jagdschlößchen errichten. Das Gebäude war im damals beliebten „Schweizer Stil" erbaut, eine Architekturform, die sich – wie das meiste im Historismus – auf falsch angewendetes Nachahmen beschränkte. Schon ein Zeitgenosse Kaiser Franz Josephs, der Architekturtheoretiker Schultze-Naumburg, kritisierte im ersten Band seiner „Kulturarbeiten" (1912) die Erscheinungsform eines ähnlichen Gebäudes: „Auf den Mittelgiebel ist die Schweizerhausphantasie eines Mannes geklebt, der sicher nie in der Schweiz gewesen ist, denn der tut man mit dem Namen ‚Schweizerhausarchitektur' unrecht. Das Dach, die hohe Stirn ist weg, und das ganze Haus macht ein Gesicht, wie ein dummer Junge, der sich irgendeinen albernen Kopfputz aufgesetzt hat, die Augen aufreisst, das Maul aufsperrt und nun seiner nicht ganz sicher die Welt anstiert." (S. 29f.)

Der Leopoldsteiner See mit der „See-Restauration".
Das im „Schweizer Stil" errichtete Jagdschloß Radmer, an dem die Trophäen sogar an der Außenfassade hingen (Aufnahme von Erzherzog Otto, einem Neffen des Kaisers).

Ein anderes Jagdgebiet Kaiser Franz Josephs lag ebenfalls in der Steiermark, im Mürztal nahe dem Semmering, wo er zwei Jahre, bevor er den Kammerhof kaufte und umgestaltete und das Jagdschloß in Radmer baute, ein Jagdhaus im schon bekannten „Schweizer Stil" errichten hatte lassen. Baumeister war der bekannte Hofarchitekt August Schwendenwein, der sich in Wien mit etlichen frühhistoristischen Monumentalbauten verewigt hatte. In diesem Zusammenhang scheint es verwunderlich, daß er – abgesehen vom prominenten Bauherren Kaiser Franz Joseph – einen so bescheidenen Auftrag ausführte. Denn das Jagdhaus war von vornherein zu klein geplant und mußte schon zehn Jahre nach seiner Errichtung zum erstenmal erweitert werden. Schließlich gestaltete man es in den Jahren 1902/03 um, vergrößerte es noch einmal und nannte es von da an „Schloß Mürzsteg". Der Grund für die letzten aufwendigen Umbauarbeiten war die für den Oktober des Jahres 1903 geplante Zusammenkunft Kaiser Franz Josephs mit Zar Nikolaus II., der in Begleitung von Diplomaten und einer Menge Gefolgsleuten erwartet wurde.

Kaiser Franz Joseph gehörten aber auch einige Jagdreviere und Forsthäuser in Oberösterreich, die sich alle

Schloß Mürzsteg nach dem letzten Umbau 1902/03 mit drei nagelneuen Türmen, über die der Architekturkritiker Schultze-Naumburg nicht minder höhnte wie über den „Schweizer-Haus-Stil“: (Hier finden sich einige) „von den heute so sinnlos aufgeleimten Türmchen ... die vollkommen überflüssig sind ... und im Grunde nichts als eine kindische Protzerei verbunden mit Butzenscheibensentimentalität bedeuten“.
Kaiser Franz Joseph und sein Sohn, Kronprinz Rudolf, in schlichter Jagdtracht, jener Kleidung, die der Kaiser nach der Uniform am liebsten trug, daneben der kaiserliche Jäger Perner, dessen Anzug sich nur in der Form des Hutes von dem des Kaisers unterscheidet.

in unmittelbarer Nähe von Ischl befanden. Am Fuß des Höllengebirges, am Ufer des Vorderen Langbathsees, besaß er das Jagdschloß Langbathsee. Da es einsam und idyllisch lag, nahm sogar Kaiserin Elisabeth, die in Österreich sonst wenige Plätze mit ihrer Anwesenheit beehrte, dort einige Male Aufenthalt. In dem von ihr verfaßten „Poetischen Tagebuch" hielt sie unter dem Datum vom 14. August 1888 einen romantischen Augenblick am mondbeschienenen Wasser fest. Sie vermeinte am Ufer eine Najade zu erblicken, die eben dem See entstieg (entweder hat sie schlecht hingesehen, oder der weibliche Wassergeist hatte sich verirrt – denn einer Quellnymphe der griechischen Mythologie wäre das oberösterreichische Gletscherseewasser sicherlich sehr schlecht bekommen).

Während der Arbeit an diesem Band über die kaiserlichen Residenzen wurde sensationelles, vermutlich unbekanntes Material von zwei oberösterreichischen Jagdhäusern des Kaisers gefunden: Baupläne und Aufrisse aus der Hand des „k. k. Baurathes" Johann Romano, dem treuen Partner Schwendenweins, die entweder das frühere Aussehen der Häuser oder anders geplante Fassungen zeigen. Abgesehen von diesem Fund gibt es von Langbathsee sogar Innenaufnahmen aus der Zeit, als Kaiser Franz Joseph das Gebäude bewohnte. Wer sich nur ein wenig in seine Person hineinzuversetzen vermag, kann sich – auch ohne die Bilder ansehen zu müssen – gut vorstellen, wie die Einrichtung aussah: historistisches Mobiliar vermengt mit österreichischem Landhausstil. Die Möbel des Arbeitszimmers, das Bett und das Nachtkästchen könnten ebensogut in der Hofburg stehen –, bahnbrechend wirken allerdings die ledernen Chesterfield-Fauteuils, die im imperialen Umfeld sonst nirgends zu finden sind – während die Jagdszenenbilder von Franz Xaver Pausinger und der Geweihluster an der Decke das Jagdhaus verraten.

Das Jagdschloß am Vorderen Landbathsee mit kaiserlichen Jägern und eine Aufnahme des Hauses mit dem See – ohne Najade (Photos aus dem Jahr 1892).

Nahe dem Langbathsee, nordöstlich von Ischl gelegen, befindet sich am Ufer des Offensees noch ein kaiserliches

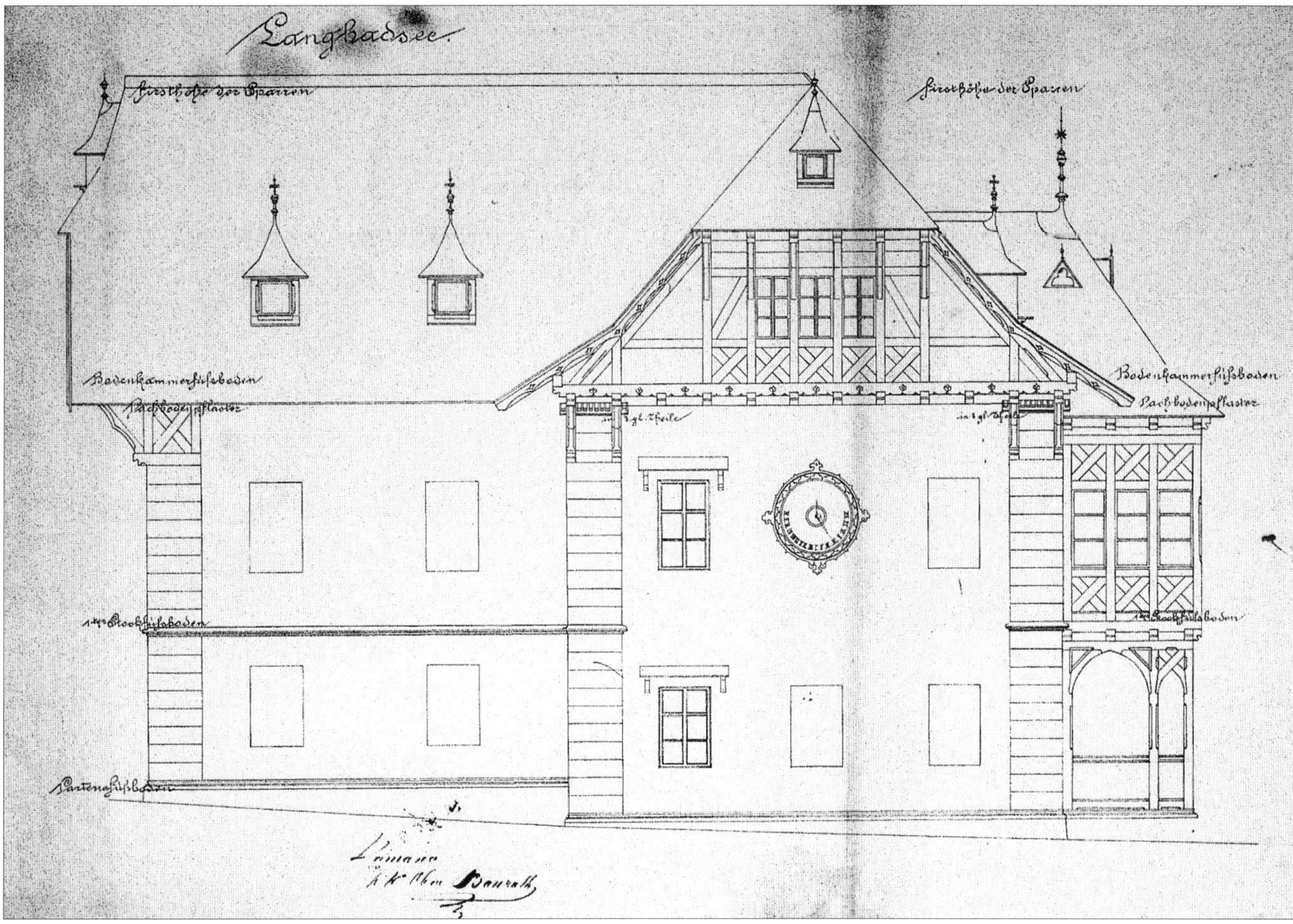

Nicht ausgeführter (oder überarbeiteter) Fassadenentwurf Johann Romanos vom Jagdhaus am Vorderen „Langbadsee" sowie zwei Innenansichten des Hauses: das Schlaf- und das Arbeitszimmer des Kaisers mit Geweihluster aus Damhirschschaufeln.

Jagdschloß am Offensee mit kaiserlichen Jägern und einem zahmen Reh.

Jagdschlößchen, das sich als eines der wenigen bis heute in habsburgischem Familienbesitz befindet. Die Inneneinrichtung muß zu Zeiten Kaiser Franz Josephs sehr „urig“ gewesen sein, was bedeutet, daß sie vor allem jeder Schönheit und Bequemlichkeit entbehrte. Denn damals waren die Stühle des Speisesaals (einschließlich der Lehnen) aus Hirschgeweihen gefertigt, die Deckenlampe aus Rehgewichteln zusammengesetzt und das Tafelgeschirr schlicht und mit zünftigen Jägersprüchen versehen.

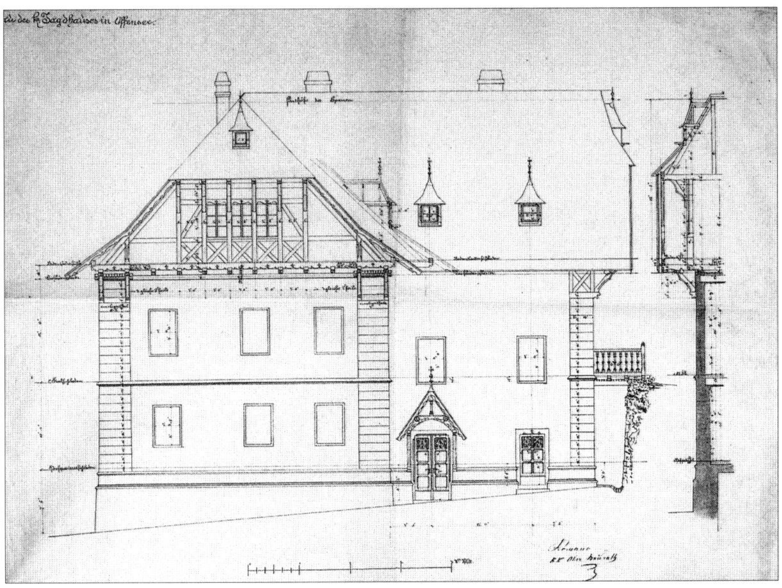

Einer der vor kurzem gefundenen Fassadenentwürfe Johann Romanos zum Jagdschloß am Offensee.

Für Interessierte: Der Kammerhof im steirischen Eisenenerz birgt heute das Stadtmuseum Eisenerz mit zahlreichen Exponaten zu Technik, Kunst und Kultur rund um den steirischen Erzberg. Allerdings wird weder hier noch in Radmer an die Zeit erinnert, als Kaiser Franz Joseph dort jagte. Schloß Mürzsteg ist nicht zu besichtigen, es steht seit 1945 dem jeweiligen Bundespräsidenten als Wohn- und Sommersitz zur Verfügung. Wer sich in Schloß Offensee überzeugen möchte, wieviel – und ob überhaupt – von der originalen Einrichtung vorhanden ist, kann das Jagdschloß, das einem Urenkel Kaiser Franz Josephs gehört, jederzeit besuchen: Er braucht nur eine Ferienwohnung darin zu mieten.

Ein Blick in den Kaisersaal mit den Porträts aller Habsburger Herrscher.

Die Residenz in Salzburg

Wo Fürsterzbischöfe, Kaiser und Erzherzoge wohnten

Dort, wo heute im Zentrum der Stadt Salzburg die ehemals fürsterzbischöfliche Residenz steht, befand sich im Mittelalter der Amtssitz des kaiserlichen Vogtes. Im Jahr 803 wohnte der Frankenkaiser Karl der Große einige Tage lang im Haus seines Verwalters, was einer der Gründe dafür gewesen sein mag, später an eben diesem Platz die erzbischöfliche Residenz zu errichten. Um 1110 entstand ein erster Gebäudeteil, an den in den folgenden Jahrhunderten immer wieder angebaut wurde. Wirklich fertiggestellt war die Residenz erst um die Mitte des 17. Jahrhunderts (wenn inzwischen auch schon wieder einige Teile abgetragen worden waren) – sie hatte unter Fürsterzbischof Wolf Dietrich von Raitenau im wesentlichen ihr heutiges Aussehen erlangt.

Auf die Fürsterzbischöfe (und leider nicht auf die Habsburger) ist der bedeutendste Teil der Innenausstattung zurückzuführen: Die kunstbegeisterten Kirchenfürsten beschäftigten in der Residenz die ersten Künstler ihrer Zeit. Johann Michael Rottmayr und Martino Altomonte schufen Deckenfresken, Deckengemälde und Gewölbefresken der Repräsentationsräume, Antonio Beduzzi entwarf den Prunkkamin in der Bildergalerie, und für die Stuckierung der Säle zeichneten Albert Camesina und Peter P. Pflauder verantwortlich. Ein früher Bezug auf die Habsburger findet sich an den Wänden des Kaisersaales: Dort hängen vierzehn Porträts aus dem 17. und 18. Jahrhundert, die – von Rudolf I. bis Karl VI. – alle Habsburger Kaiser zeigen (Karl VI., der Vater Kaiserin Maria Theresias, war korrekterweise der letzte „echte" Habsburger Herrscher, da mit ihm die männliche Linie der Familie ausstarb).

Obwohl das Erzbistum Salzburg, das bis zum Ende des 18. Jahrhunderts ein eigenständiges Fürstentum war, zu

Beginn des 19. Jahrhunderts der österreichischen Monarchie eingegliedert wurde, dauerte es lange, bis ein Mitglied der kaiserlichen Familie in die innerstädtische Residenz einzog: Es war Kaiserin Caroline Auguste, die Witwe Kaiser Franz' II./I., die nach einigen Aufenthalten in Salzburg kurz vor 1848 beschloß, in der Residenz Quartier zu nehmen. „Im zweiten Stock ... fand die Kaiserin-Mutter (als Stiefmutter Kaiser Ferdinands I.) eine passende Unterkunft. Sie bewohnte ... (die) Zimmerflucht mit Blick auf den Residenzplatz, und wenn man sich weiter gegen den Norden wendet, gegen den Alten Markt zu". (Caroline Auguste, S. 36) Die „Kaiserin-Mutter" blieb in der Residenz nicht lange alleine. 1860 folgte ihr eine kinderreiche Schar von Verwandten in den nach ihnen benannten „Toskana-Trakt": Aus Italien kam die Familie Großherzog Leopolds II. von Toskana-Habsburg, die infolge von Unruhen Florenz hatte verlassen müssen.

Hauptportal der Salzburger Residenz (Aufnahme um die Jahrhundertwende) und eine Kaiser-Geburtstagsparade am 18. August 1892 in Richtung Alter Markt.

Wenn sich Kaiser Franz Joseph in Salzburg aufhielt, wohnte natürlich auch er in der Residenz, im sogenannten „Wallis-Trakt", der der Domfassade gegenüberliegt. Dort empfing er ab der Mitte der sechziger Jahre bedeutende Staatsgäste – wie den deutschen Kaiser Wilhelm I. und in dem für die österreichisch-französischen Beziehungen so schwierigen Jahr 1867 Kaiser Napoleon III. von Frankreich. Mitunter diente die Residenz aber auch als Ausweichquartier für Sommerfrischler: Wenn in Ischl die Kaiservilla mit Familienmitgliedern überbelegt war, wichen die „überzähligen" Habsburger einfach nach Salzburg aus.

Für Interessierte: In der ehemaligen fürsterzbischöflichen Residenz sind nicht nur die Prunkräume zu besichtigen, sondern auch die Gemäldesammlung mit europäischen Kunstwerken aus dem 16.–19. Jahrhundert.

Kaiserin Caroline Auguste und einer ihrer Salons in der Residenz mit Blick zum Dom (Photo nach einem Gemälde von F. Zeller 1867).

Wesentlich freundlicher und eleganter als in der Wiener Hofburg oder in Schloß Schönbrunn: das Schreib- und das Schlafzimmer des sonst eher spartanisch eingerichteten Militaristen Kaiser Franz Joseph in der Salzburger Residenz.

Ein gutes Beispiel für die franzisko-josephinische Mischkunst: das „Bilderzimmer“ mit Originalgemälden aus dem 18. Jahrhundert, während die Möbel und die Deckenstuckierung hundert Jahre später im Rokokostil „dazuerfunden“ wurden.

DIE HOFBURG IN INNSBRUCK

Residenz der Tiroler Linie der Habsburger

Obwohl die Habsburger als Landesfürsten von Tirol seit dem Ende des 14. Jahrhunderts eine ständige Unterkunft in Innsbruck besaßen, verfügt die dortige Hofburg über keine durchgehende Wohngeschichte. In den folgenden Jahrhunderten wurde an ihr zwar immer wieder um- und angebaut, ihr heutiges Aussehen erhielt sie aber erst im 18. Jahrhundert unter Kaiserin Maria Theresia, die sich schon bei etlichen Residenzen als eifrige Bauherrin erwiesen hatte. Die Ausgestaltung der Räume in der Innsbrucker Residenz sollte dabei einige Jahrzehnte in Anspruch nehmen, ihren künstlerischen Höhepunkt erlebte sie in der Gestaltung des über zwei Geschoße reichenden „Riesensaals" (nach einem früher darin befindlichen Herkuleszyklus) mit dem Deckenfresko „Triumph des Hauses Habsburg-Lothringen" von Franz Anton Maulbertsch.

Es sollte abermals hundert Jahre dauern, bis unter Kaiser Franz Joseph das sogenannte „Kaiserappartement" neu ausgestattet wurde. Traurig ist allerdings, daß man bei diesen Renovierungsarbeiten originale Barockstuckierungen zugunsten von Neorokoko-Dekorationen aufgab. Auch beim Mobiliar, das neu getischlert wurde, ahmte man barocke und Rokokoformen nach (anstatt Antiquitäten zu kaufen) und erhielt damit Räume, die letztendlich genauso aussahen wie jene in den Wiener Residenzen.

Übrigens hat Kaiser Franz Joseph selbst niemals für längere Zeit in der Innsbrucker Hofburg gewohnt. Dafür aber sein jüngerer Bruder, Erzherzog Carl Ludwig, der Ende der fünfziger Jahre das Amt des Statthalters in Tirol innehatte. Während dieser Zeit war die Hofburg seine Winterresidenz. Sommers lebte er in dem nahe Innsbruck gelegenen Schloß Ambras, das wiederum auf seine Anordnung neogotisch „verschönert" wurde.

Der „Riesensaal“ oder „Große Bildersaal“ mit Porträts aller Kinder Kaiserin Maria Theresias. Das Deckengemälde stammt von Franz Anton Maulbertsch.

Zur Zeit, als Erzherzog Carl Ludwig als Statthalter in Tirol lebte, war er in erster Ehe mit seiner Cousine, Prinzessin Margarethe von Sachsen, glücklich verheiratet. Die junge Frau verstarb nach nur zweijähriger Ehe im Alter von achtzehn Jahren.

Für Interessierte: In der Innsbrucker Hofburg sind die maria-theresianischen Prunkräume und die Kaiserappartements aus der Zeit Kaiser Franz Josephs zu besichtigen.

Blick über die Karlsbrücke in Richtung des Burgbergs in Prag (Aufnahme um 1890).

Der Hradschin

Die Hofburg in Prag

Die Türkenschlacht bei Mohács (1526) ... verhalf den Habsburgern (aufgrund einer Erbregelung) zum dauernden Besitze Böhmens ...“ – so kann man in Baedekers „Oesterreich“ aus dem Jahre 1907 lesen und wird dabei ziemlich wehmütig. Denn damals gehörten Böhmen und Mähren wie die Slowakei, Ungarn, Slowenien, Kroatien, das Herzogtum Krain, Südtirol, Trentino und viele andere, heute im Ausland befindlichen Regionen zur österreichischen Monarchie.

Im 16. Jahrhundert waren die Habsburger, die seit dieser Zeit auch den Titel eines Königs von Böhmen führten, in die Stadt Prag gekommen, die schon damals auf eine reiche kulturelle Vergangenheit zurückblicken konnte. Eines der beachtlichsten Bauwerke, der Hradschin (die Prager Burg), stammte aus dem 9. Jahrhundert, war aber – wie die Wiener Hofburg – im Laufe der Zeit mehrfach vergrößert, modernisiert und umgestaltet worden. Ihre Glanzzeit hatte die Residenz im 14. Jahrhundert unter dem aus dem Hause Luxemburg stammenden Kaiser Karl IV. erlebt, der sie zum repräsentativen Zentrum des Reiches erhob. Während seiner Regierungszeit entstand der spätgotisch gewölbte Wladislaw- oder Huldigungssaal, in dem Krönungsfeierlichkeiten, Sitzungen, Turniere und Bälle stattfanden. Zu den architektonischen Zeugen aus habsburgischer Zeit gehören das italienisch inspirierte Belvedere aus der Epoche Kaiser Ferdinands I. und der prächtige Spanische Saal, der während der Herrschaft seines Enkels, Kaiser Rudolfs II., entstand. Kaiserin Maria Theresia hatte als erste die schlechte Idee, ihn umzugestalten (sie ließ im übrigen die gesamte Burg großzügig umbauen und erweitern, die danach 711 Gemächer umfaßte), unter ihrem Ururenkel, Kaiser Franz Joseph, verlor der Spanische Saal endgültig seinen Reiz.

Der spätgotische Wladislawsaal stammt aus der Regierungsepoche Kaiser Karls IV., der die Residenz zum repräsentativen Zentrum des Reiches erhob.

Der Spanische Saal (aus dem 19. Jahrhundert), der eigentlich in der Renaissance entstanden ist. Unter Kaiserin Maria Theresia und hundert Jahre später – aus Anlaß der bevorstehenden Krönung Kaiser Franz Josephs zum König von Böhmen – erfuhr er grundlegende Veränderungen. Dabei wurde der historistische „Albtraum“ dann gar nicht verwendet, da der Kaiser auf die Zeremonie verzichtete.

Der hell und freundlich gestaltete Salon im Hradschin und das Eßzimmer mit elektrischem Luster (der vom Tisch aus eingeschaltet wurde) zur Zeit, als der spätere Kaiser Karl auf der Prager Burg wohnte.

Ein Porträt des neunzehnjährigen Erzherzogs Carl Franz Joseph in seinem Studierzimmer.

Im 19. Jahrhundert bot der Hradschin mehreren Habsburgern Unterkunft. Kaiser Ferdinand I., der „Gütige", zog nach seiner Abdankung im Jahr 1848 mit seiner Ehefrau nach Prag, später hielten sich dort – allerdings nur für kürzere Zeit – zwei habsburgische Thronfolger auf: Kronprinz Rudolf und Erzherzog Carl Franz Joseph (der spätere Kaiser Karl I.), der Sohn und der Großneffe Kaiser Franz Josephs. Kronprinz Rudolf hegte eine innige Liebe für Böhmen, so daß er sogar festlegte, einen künftigen Sohn nach dem Landespatron Wenzel zu nennen. Der nachmalige Kaiser Karl war schon als Kind oft in Prag gewesen, als junger Mann erhielt er dort staatswissenschaftliche Vorträge, die allerdings abbrachen, als sein Vater, Erzherzog Otto, 1906 in Wien verstarb. Während des Aufenthalts in Böhmen wohnte er wie seine Vorfahren auf dem Hradschin, wo für ihn einige Räume neu hergerichtet und sogar nach heutigen Gesichtspunkten modern ausgestattet wurden.

Für Interessierte: Der Hradschin ist seit dem Jahre 1918 Sitz des tschechoslowakischen bzw. tschechischen Staatsoberhauptes, die Appartements sind nicht zu besichtigen. Der Wladislawsaal und das Belvedere können aber besucht werden.

Festzug anläßlich der Millenniumsfeierlichkeiten im Jahr 1896 vor dem maria-theresianischen Bauteil (im Bildvordergrund ist der königliche Hofwagen mit der St.-Stephanskrone zu sehen).

Die Hofburg in Budapest

Die „Ofener" Residenz

Wenn man Briefe Kaiser Franz Josephs aus der ungarischen Residenz liest, fällt auf, daß er – vor dem Datum – als Ortsbezeichnung immer „Ofen" angab. Das Königsschloß lag zu dieser Zeit in einem Ort, der auf ungarisch „Buda" genannt wurde und auf deutsch „Ofen" hieß. Die Stadt „Budapest" gibt es nämlich erst seit dem Jahr 1872. Damals hatte man mehrere Siedlungen und die Namen der beiden bedeutendsten Stadtteile zusammengelegt. Letztere hießen „Buda" und „Pest".

Die Geschichte Ungarns, das im 19. Jahrhundert schon lange Zeit unter habsburgischer Herrschaft stand, trat mit dem Einfall der Magyaren (dem Urvolk der Ungarn) im 10. Jahrhundert in eine neue Epoche. Sie besetzten das Gebiet entlang der Donau und errichteten am Burgberg in Buda/Ofen ihr Herrschaftszentrum. An derselben Stelle baute der Arpaden-König Béla IV. dreihundert Jahre später eine erste königliche Burg, die seiner Familie allerdings nicht lange als Wohnort diente. Denn die Dynastie Bélas erlosch mit seinem Neffen, König Andreas III. Daraufhin fiel das Land an die neapolitanischen Anjou, die in einer Seitenlinie mit den Arpaden verwandt waren. Aber auch dieser Familienzweig starb nach nur drei Generationen aus. Im 16./17. Jahrhundert geriet das Land unter türkische Herrschaft, was sich nachhaltig auf die sakrale Architektur auswirkte: Damals wurden die meisten Kirchen in Moscheen umgewandelt.

Von der Burg König Bélas ist nicht mehr viel erhalten. Die wichtigsten Teile stammen – wie so oft – aus der Zeit Kaiserin Maria Theresias und ihres Ururenkels Franz Joseph. Erstere gab die Architektur vor, letzterer die Größe. Denn nach dem Ausgleich im Jahr 1867 war der Ausbau des Schlosses unvermeidlich geworden. Nachdem Kaiser Franz Joseph den Ungarn viele politische Sonderrechte zugestanden hatte, war ein vergrößerter Verwaltungsapparat nötig geworden, der in der Burg untergebracht werden sollte. Man erweiterte die Anlage, indem man den maria-theresianischen Bauteil kopierte, ihn dem Original spiegelbildlich gegenüberstellte und ihn dann – um „barocke" Symmetrie herzustellen – mit einem erhöhten Mitteltrakt verband.

Das „Schloß in Ofen" – wie es auf der Rückseite der Photographie noch um die Jahrhundertwende genannt wurde – und ein Blick von der Burg auf den gegenüberliegenden Stadtteil „Pest".

Wie hinlänglich bekannt ist, hat Kaiserin Elisabeth, die sich sonst wenig für Politik interessierte, in diesem einen Fall an der Vermittlung energisch mitgewirkt: Unter allen Völkern der österreichischen Monarchie liebte und schätzte sie die Ungarn am meisten. Dafür, daß alles nach ihrem Wunsch gegangen war und reibungslos geklappt hatte, bedankte sich die Kaiserin sogar bei ihrem Ehemann. Der ansonsten vernachlässigte Kaiser wurde kurzzeitig mit Liebe belohnt: Zehn Jahre, nachdem Elisabeth ihr bisher letztes Kind geboren hatte, wurde sie noch einmal schwanger – die jüngste Tochter Marie Valerie wurde den Ungarn zu Ehren in der Ofener Burg geboren.

Dem letzten Herrscherpaar Österreich-Ungarns, Kaiser Karl und Kaiserin Zita, blieb in den schweren Tagen des Ersten Weltkriegs wenig Zeit, um sich für längere Zeit in Ungarn aufzuhalten. Zumindest aber wurden sie auf Bestreben des magyarischen Volkes zu König und Königin von Ungarn gekrönt. „König" Karl, der nur knappe zwei Jahre lang regierte, ist in Ungarn allerdings in weitaus stärkerer Erinnerung geblieben als in Österreich. Man hat sich dort bis heute ihm und seiner Familie gegenüber treuer und ergebener verhalten. Niemand verlangte von ihm den Verzicht auf die Regierung, und ein Teil der dortigen Getreuen unterstützte ihn selbst bei seinen beiden Restaurationsversuchen während der Schweizer Exiljahre.

Anders als in Österreich, wo jeder Habsburger nur ein „Bürger zweiter Klasse" ist (was unter anderem bedeutet, daß er nicht Bundespräsident werden darf), darf er sich

Grundsteinlegung zur Neuen Burg und die Einfahrt in den Schloßhof nach dem Umbau des Jahres 1896.

Kaiserin bzw. Königin Zita besaß in der Hofburg in Budapest – einschließlich des Ecksalons (mit Blick zum Arbeitszimmer) – eine Suite von Räumen, die anläßlich der Krönung für sie neu eingerichtet wurden.

Erzherzogin Marie Valerie, die jüngste Tochter Kaiserin Elisabeths, kam 1868 in der Burg in Ofen zur Welt.

in Ungarn sicher sein, nach denselben Rechten wie alle anderen Bürger behandelt zu werden. Ganz abgesehen davon, braucht er keinen Verzicht auf die Krone zu leisten, um dort leben zu dürfen.

Allerdings erwies sich das zwischenzeitlich kommunistische Regime, die Rätediktatur Béla Kuns, als außerordentlich „königsfeindlich". Während dieser Ära wurde nicht nur das Mobiliar der Burg aus der Zeit der österreichisch-ungarischen Monarchie weggeschafft, sondern auch das gesamte Gebäude „ausgehöhlt". Nur noch die Fassade erinnert an die Epoche der Habsburger. In den ehemaligen Königsappartements wurden „regimefreundliche" moderne Büros eingerichtet.

Blick auf Schloß Gödöllö, in dem schon die Urgroßmutter Kaiser Franz Josephs, Kaiserin Maria Theresia, als Gast des damaligen Besitzers Anton Grassalkowitsch genächtigt hatte (Aufnahme um die Jahrhundertwende).

Schloss Gödöllö und das Achilleon auf Korfu

Die Lieblingsaufenthaltsorte Kaiserin Elisabeths

Man muß kein Habsburghistoriker sein, um zu wissen, daß sich Kaiserin Elisabeth innerhalb der Donaumonarchie am liebsten in Ungarn aufhielt. Dort hatte sie während eines Ausrittes eines Tages auch das nahe bei Budapest gelegene Schloß Gödöllö entdeckt. Das im 18. Jahrhundert von Anton Grassalkowitsch erbaute Gebäude ging ihr fortan nicht mehr aus dem Sinn, und sie begann bald, bei ihrem Ehemann wegen eines Kaufes vorzufühlen. Das war im Kriegsjahr 1866 – Kaiser Franz Joseph hatte damals andere Sorgen –, weshalb er seine Frau bat, in Gödöllö nicht zu rasch als Interessent aufzutreten. Er wollte in den angespannten Zeiten weder die Familienkasse belasten, noch die Aufmerksamkeit der Presse durch den Kauf eines Landschlosses auf sich lenken. Es wäre aber nicht Kaiserin Elisabeth gewesen, hätte sie das Schloß nicht doch bald als Wohnsitz bekommen: Sie und Franz Joseph erhielten es für ihren Einsatz im Ausgleichsjahr 1867 von den Ungarn zum Geschenk. Die darüber hocherfreute Kaiserin bedankte sich dafür, indem sie sich in Hinkunft noch öfter in Ungarn aufhielt und Schloß Gödöllö zu ihrer Lieblingsresidenz ernannte.

Ähnlich hartnäckig wie im Falle von Gödöllö, in Fragen des Ausgleichs mit Ungarn und allgemein beim Durchsetzen von Dingen, die sie persönlich interessierten, verhielt sich Kaiserin Elisabeth beim Bau des „Achilleons" auf Korfu. Nachdem sie sich eines Tages in die Insel verliebt und in der Bucht von Gasturi einen idealen Bauplatz gefunden hatte, übertrug sie die weitere

Organisation ihrem Ehemann und seiner Kanzlei. Über ihn wurden die nötigen Baubewilligungen eingeholt und der neapolitanische Architekt Raffaele Carito beauftragt, jene Villa am Meer zu errichten, die die Kaiserin einem ihrer Götzen widmete: Achilles, dem Helden des Trojanischen Krieges.

Kaiserin Elisabeth, die sich – wie ihr Ehemann Kaiser Franz Joseph – weder für Kultur interessierte, noch besonderen künstlerischen Geschmack bewies, stattete das Achilleon nach ihren eigenen Ideen in jenem protzig romantischen Zeitstil aus, der den Großteil der Ringstraßenarchitektur prägte. Schließlich gefiel ihr das Gebäude auch gar nicht mehr, sie wollte es nach Fertigstellung sofort wieder verkaufen, was Kaiser Franz Joseph – mit einem selten energischen Schreiben – zu verhindern wußte: „(Es) wird sich doch ganz sonderbar machen, wenn Du gleich, nachdem Du die Villa mit so vieler Mühe ... und so vielen Kosten gebaut ... nachdem noch in aller letzter Zeit ein Terrain dazu gekauft wurde, plötzlich den ganzen Besitz losschlagen willst. Vergesse nicht, welche Bereitwilligkeit die griechische Regierung bewiesen hat, um Dir zu dienen, wie von allen Seiten Alles mitwirkte, um Dir angenehm zu sein und Dir Freude zu machen, und nun war Alles umsonst ...“ (Brief vom 6. April 1893). Tatsächlich bewirkte der Kaiser damit, daß seine Frau das Achilleon behielt und sich dort, da sie Korfu eigentlich liebte, doch noch einige Male aufhielt.

Kaiser Franz Joseph hielt sich in Ungarn wie in Ischl am liebsten während der Jagdsaison auf: „Jagd-Déjeuner des Kaisers in Gödöllö 1897“ (der Kaiser sitzt in der Bildmitte mit dem Gesicht zum Betrachter).

Für Interessierte: Im für das Elisabeth-Gedenkjahr 1998 großzügig renovierten Schloß Gödöllö sind die Appartements Kaiser Franz Josephs und Kaiserin Elisabeths sowie die Reitschule zu besichtigen. Das Achilleon auf der Insel Korfu verfügt im Erdgeschoß über ein Museum mit Erinnerungsstücken, im ersten Stock befindet sich das Fremdenverkehrsbüro der Insel.

Die – durch die romantisierenden „Sissy-Filme" – bis heute verehrte Kaiserin Elisabeth erwies sich im Alltags- und Familienleben als schwierige und uneinsichtige Frau: Das Achilleon auf Korfu, dessen Bau sie eifrig betrieben hatte, gefiel ihr nach Fertigstellung nicht mehr, so daß sie die Villa gleich wieder verkaufen wollte (oben: die straßenseitig gelegene Front des Gebäudes und der eigene Schiffsanlegeplatz). Unten rechts: Speisesaal im Achilleon mit lampentragenden Putten. Die von der Kaiserin so pompös eingerichtete Villa erweckte schon den Spott ihrer Zeitgenossen: „Wieviel Kitsch auf kleinstem Raum! Kaiserin Elisabeth ... hat Grotten von Pappe erbaut mit mannshohen Spiegeln im Grund ... (Letztere ließ sie) mit Schwertlilien bemalen und schraubte den Stuckengeln Glühbirnen wie Brandblasen in das Fleisch." (Roda Roda)

Vor der Villa in Reichenau an der Rax. Eines der vielen Photos Kaiser Franz Josephs mit seinen Kindern Gisela und Rudolf, seinem Schwager, Erbprinz Maximilian von Thurn und Taxis (links von ihm), und Gefolgsleuten. Kaiserin Elisabeth befand sich zu dieser Zeit auf einer ihrer zahlreichen Reisen im Mittelmeerraum.

Die Rudolfsvilla in Reichenau an der Rax

Das Paradies der Kaiserkinder Gisela und Rudolf

Da viele Mitglieder der kaiserlichen Familie im Sommer unter der schlechten Luft in Wien litten, beschloß Kaiser Franz Joseph, seine Kinder, die oft an Bronchitis erkrankten, während der heißesten Zeit in einem Luftkurort unterzubringen. Das an der Semmering-Gebirgsbahn gelegene Reichenau an der Rax erwies sich dabei als idealer Ort: Er verfügte nicht nur über ein ausgezeichnetes Klima, sondern war auch von Wien aus rasch und einfach zu erreichen. Um dort von den anderen Kurgästen unbehelligt leben zu können, begann man um 1858, also schon bald nach der Geburt Kronprinz Rudolfs, mit dem Bau einer eigenen Villa, die – wahrscheinlich als erstes Gebäude der Monarchie – mit einem Leasingvertrag finanziert wurde.

Obwohl Kaiserin Elisabeth immer wieder beteuerte, als junge Frau von ihren Kindern getrennt worden zu sein (was ohnehin gelogen war), kümmerte sie sich nicht einmal in der privaten Atmosphäre von Reichenau, also fernab des verhaßten Hofes, um Gisela und Rudolf. Ganz anders Kaiser Franz Joseph, der, so oft es ihm möglich war, anreiste und die Aufenthalte mit den Kleinen außerordentlich genoß. Hier erlebte er, wie sein einjähriger Sohn stehen lernte, hier spielte und tollte er mit den Kindern und einem zahmen Reh im Park herum und ließ ihnen sogar ein eigenes kleines Jagdhaus bauen. Anders als seine Frau litt der Kaiser, wenn er die Kleinen wieder in Richtung Wien verlassen mußte, und er dachte sich sogar kleine Finten aus, um Gisela und Rudolf so bald wie möglich wieder zu sehen. Um ein paar Augenblicke

Erzherzogin Gisela und ihr Bruder Kronprinz Rudolf vor der Gartenseite der Villa und die beiden Kinder bei ihrem kleinen Jagdhaus im Park.

Die beiden Kaiserkinder in einem kleinen, von einem Esel gezogenen Wagen im Park der Reichenauer Villa.

zu gewinnen, ließ er im Garten der Villa sogar eine eigene Bahnstation einrichten: Die Kleinen sollten ihm mit ihrer Kinderfrau gefahrlos entgegengehen und er ihnen schon von weitem entgegenblicken können.

Für Interessierte: Die nur noch äußerlich in halbwegs originalem Zustand erhaltene Rudolfsvilla befindet sich in Privatbesitz, liegt aber direkt neben der Straße und kann zumindest von außen betrachtet werden. Allerdings gibt es darin auch einige Ferienwohnungen, die alle paar Jahre neu vermietet werden.

Ein Gustostück des Schloßinterieurs von Miramare: der von Kaiser Maximilian aus Mexiko georderte Thronsaal.

Schloss Miramare bei Triest

Erzherzog Ferdinand Maximilians Märchenschloß am Meer

Bislang wurden in diesem Buch ausschließlich jene Schlösser und Villen gezeigt und besprochen, die der regierende Kaiser und seine Familie bewohnten. Natürlich besaß aber – wie schon am Anfang erwähnt – beinahe jeder Erzherzog eine eigene Residenz, die meisten von ihnen verfügten sogar über mehrere. Deshalb sollen in diesem Band auch Wohnsitze der nächsten Verwandten des Kaisers aufgenommen werden, allen voran die Besitzungen der Geschwister Kaiser Franz Josephs.

Das älteste seiner Geschwister, die das Erwachsenenalter erreichten, sein Bruder Erzherzog Ferdinand Maximilian, der spätere Kaiser von Mexiko, eine von Kindheit an zaghafte und schwächliche Natur, neigte zu starken Minderwertigkeitskomplexen, die er ausglich, indem er besonderen Wert auf Äußerlichkeiten legte. Die bevorzugten Mittel, die er anwandte, um seiner erzherzoglichen und später kaiserlichen Würde entsprechenden Ausdruck zu verleihen, waren Pomp, Zeremoniell und der dazupassende architektonische Rahmen. Als von Kaiser Franz Joseph bestellter Generalgouverneur des Königreichs Lombardo-Venetien, das damals zur Donaumonarchie gehörte, lebte der Erzherzog in Triest, wo er ab 1854 auf einem Felsen am Meer ein romantisches Schloß errichten ließ. Obwohl das Gelände felsig war, trotzte er ihm eine weitläufige Terrasse ab, ließ sie mit Granit aus Tirol einfrieden und mit Erde aufschütten, legte darauf einen exotischen Garten an, versah das Gebäude mit Zinnen und Türmchen und nannte das ganze „Miramare" („Meeresblick").

Wie seine Schwägerin Kaiserin Elisabeth, auf Korfu, beteiligte sich auch Erzherzog Ferdinand Maximilian – allgemein kurz „Max" genannt – an der Gestaltung des

Als von Kaiser Franz Joseph bestellter Generalgouverneur des Königreichs Lombardo-Venetien ließ Erzherzog Ferdinand Maximilian Schloß Miramare bei Triest errichten.

Die künstlich angelegte Terrasse von Schloß Miramare mit Blick zum Meer.

Schlosses und bediente sich dabei einer ähnlich eigenartigen Formensprache wie sie: So ließ er sein Arbeitszimmer der Admiralskabine auf der Fregatte „Novara" nachbilden, wählte (in Anlehnung an seine Funktion als Oberkommandierender der Marine) für Tapeten und Dekorstoffe Ankermotive und verlieh, wo immer es möglich war, seinem Hang für protzige Formen Ausdruck. Als er endlich Kaiser von Mexiko geworden war, entwarf er, weil er ihn offensichtlich dringend benötigte, einen Thronsaal für Schloß Miramare. Damit die Arbeiten daran so rasch wie möglich fortschreiten konnten, schickte er die Pläne mit einem Schiff von Mittelamerika übers Meer nach Europa. Der Saal wurde vollendet, sein Besitzer hat ihn aber nicht mehr gesehen. Er wurde 1867 nach seiner Gefangennahme durch die Truppen von Benito Juarez in Queretaro/Mexiko standrechtlich erschossen.
Die Fregatte „Novara", die Erzherzog Ferdinand Maxi-milian im Leben so viel bedeutet hatte, sollte nach seinem Tod noch einmal eine wichtige Rolle spielen: Dasselbe Segelschiff, auf dem er 1864 mit seiner Ehefrau Charlotte nach Mexiko gereist war, um den dortigen Kaiserthron zu besteigen, brachte nur drei Jahre später seinen Leichnam in die Heimat zurück.

Für Interessierte: Das heute im italienischen Staatsbesitz befindliche Museum im Schloß (einige Räume sind im Originalzustand erhalten) ist ganzjährig zu besichtigen.

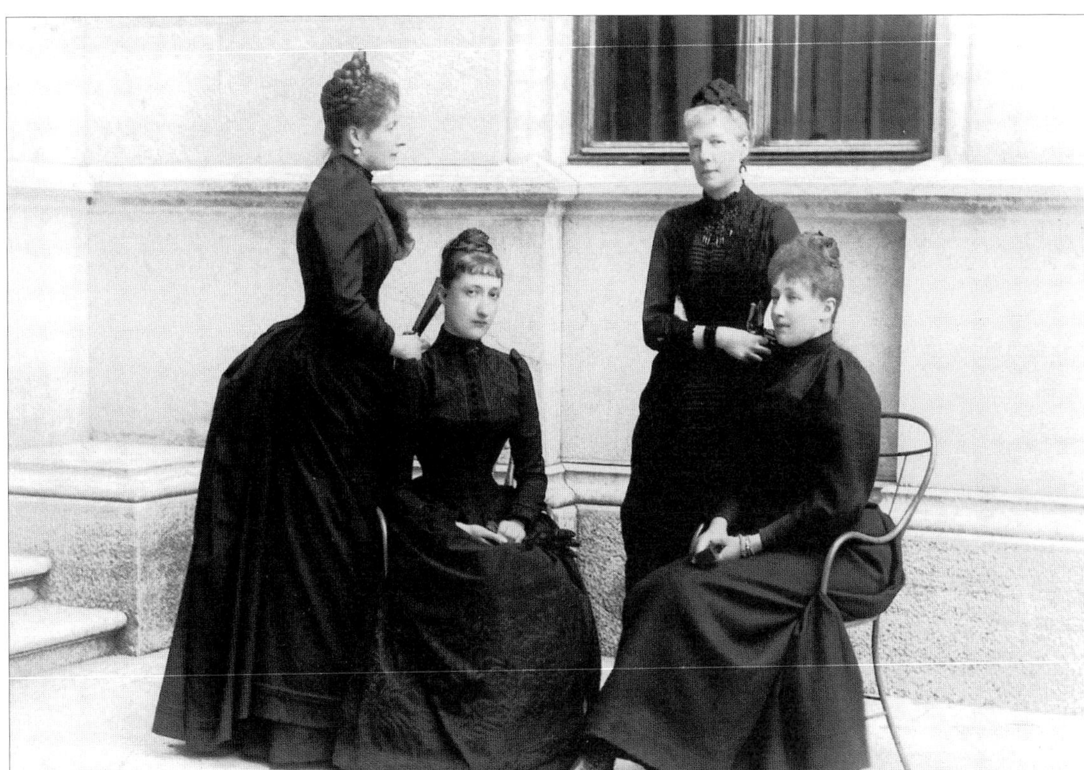

Seit dem Jahr 1857 war Erzherzog Ferdinand Maximilian mit Prinzessin Charlotte von Belgien, einer Tochter König Leopolds I., verheiratet. Ihrer Entschlußkraft war es vor allem zu verdanken, daß sich der Erzherzog um den Thron in Mexiko bewarb.

Kronprinzessin-Witwe Stephanie (unten re.) mit ihrer Mutter und ihren Schwestern vor Schloß Miramare (1889). Nach dem Tod Kaiser Maximilians übernahm Kaiser Franz Joseph den Besitz, der in Hinkunft von Kronprinz Rudolf und seiner Frau genutzt wurde.

Das Arbeitszimmer Erzherzog Ferdinand Maximilians in Miramare, das er seiner Admiralskabine auf der Fregatte „Novara“ hatte nachbilden lassen.

Kaisersaal in Schloß Ambras mit Malereien aus dem 18. und einer Holzdecke aus dem 16. Jahrhundert.

SCHLOSS AM(B)RAS BEI INNSBRUCK

Die Tiroler Sommerresidenz Erzherzog Carl Ludwigs

Saß der eine Bruder Kaiser Franz Josephs im italienischen Teil der Habsburger Monarchie, so war dem nächstältesten ein Amt im Westen des Reiches beschieden: Erzherzog Carl Ludwig war zwischen 1855 und 1861 Statthalter von Tirol, wo er im Winter in der Hofburg in Innsbruck und im Sommer in Schloß Ambras wohnte.
Ambras, das zur Verwirrung von Nichttirolern auch „Amras" oder „Ameras" genannt wird, bestand als Burg vermutlich schon ab dem 10. Jahrhundert und war im Besitz des Geschlechts der Andechser. Als Sitz der Tiroler Landesherren, die seit dem 15. Jahrhundert von den Habsburgern gestellt wurden, ließ es Erzherzog Ferdinand II. in der Renaissance zum Sommersitz umbauen. Während dieser Epoche entstand das bis heute erhaltene Bad seiner heimlich angetrauten Ehefrau, Philippine Welser.
Zur Schande seiner kunstsinnigen Vorfahren ließ Erzherzog Carl Ludwig das Renaissanceschloß „neogotisch" umgestalten. Allerdings wurde es noch von seinem Sohn, Erzherzog-Thronfolger Franz Ferdinand, der den Besitz ein Jahr, bevor er in Sarajevo ermordet wurde, übernahm, nach Vorlagen aus dem 17. Jahrhundert wieder in den ursprünglichen Zustand versetzt.

Für Interessierte: Seit 1922 ist in Schloß Ambras ein Museum eingerichtet. Zu besichtigen sind Kunstsammlungen, Rüstkammern und etliche der original erhaltenen Wohnräume.

Blick auf das Hochschloß Ambras zur Zeit, als es der Thronfolger, der älteste Sohn Erzherzog Carl Ludwigs, bewohnte. Die Handvoll Menschen im Hof gehörte zu seiner Gefolgschaft.

Ambraser Interieuraufnahmen mit dem typischen Stilmix des 19. Jahrhunderts: wenig Originales, dafür aber etliche nachgeahmte Renaissance- und neoklassizistische Stücke .

Schloß Persenbeug an der Donau: Hier wurde 1887 Erzherzog Carl Franz Joseph, als Kaiser Karl der nachmalige letzte Kaiser von Österreich, geboren.

Die Schlösser in Persenbeug und Artstetten

Erzherzog Carl Ludwigs kaiserliches Erbe

Das direkt über der Donau auf einem Felsen gelegene Schloß Persenbeug besteht als befestigte Burg seit dem 10. Jahrhundert. Sein heutiges Aussehen verdankt das Gebäude, das sich damals im Besitz der Grafen Hoyos befand, einem weitreichenden Umbau im 17. Jahrhundert. Den Habsburgern gehört Persenbeug erst seit Dezember 1800. Kaiser Franz II./I. kaufte es damals für sich und seine Familie als private Sommerresidenz.
Nach dem Tod von Kaiser Franz II./I. ging das Schloß in den Besitz seiner vierten Ehefrau, Kaiserin Caroline Auguste, über, die es wiederum ihrem Enkel, Erzherzog Carl Ludwig, vermachte. Anläßlich der Heirat seines Sohnes Erzherzog Otto mit Prinzessin Maria Josepha von Sachsen, schenkte er Persenbeug dem jungen Brautpaar, wo im Sommer des darauffolgenden Jahres ein kleiner Erzherzog das Licht der Welt erblickte: Carl Franz Joseph, später als Karl I. der letzte Kaiser von Österreich.
Ganz in der Nähe von Persenbeug befindet sich Schloß Artstetten, das im 13. Jahrhundert erstmals urkundlich erwähnt und Ende des 17. Jahrhunderts großzügig umgestaltet wurde. Damals erhielt es die vier zwiebelbekrönten Rundtürme, die das Gebäude bis heute prägen. Erster habsburgischer Besitzer war auch hier Kaiser Franz II./I., der das Schloß im Jahr 1823 erwarb. Über seine Witwe, Kaiserin Caroline Auguste, gelangte auch Artstetten an deren Enkel Erzherzog Carl Ludwig. Er vermachte dieses Gebäude wiederum seinem ältesten Sohn, dem Erzherzog-Thronfolger Franz Ferdinand. Auf den Thronfolger sind einige bauliche Änderungen am Schloß und an der Kirche zurückzuführen, unter deren Chor er eine Familiengruft errichten ließ. Er wollte seiner morganatisch angetrauten Ehefrau, Herzogin Sophie von

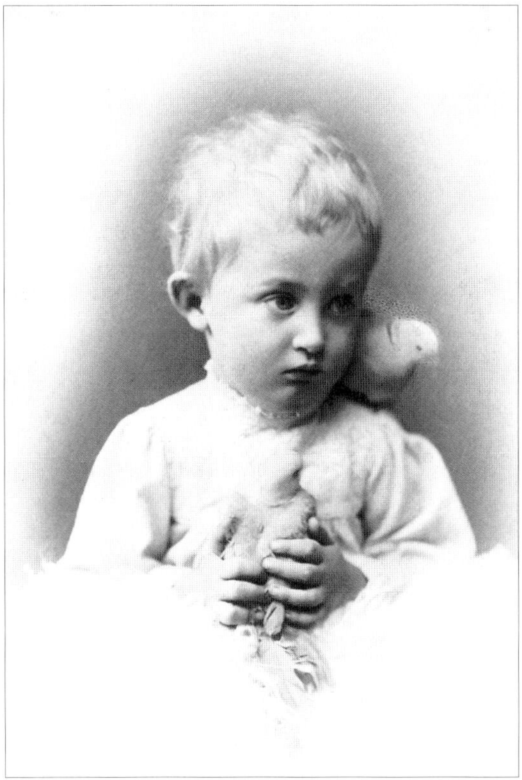

Der spätere Kaiser Karl im Alter von etwa einem Jahr (aufgenommen in einem Wiener Photoatelier).

Hohenberg, die Schmach ersparen, nicht mit ihm in der Kaisergruft in Wien beigesetzt werden zu dürfen. Denn der Erste Obersthofmeister Kaiser Franz Josephs, Fürst Alfred Montenuovo, selbst Nachkomme einer nicht anerkannten habsburgischen Verbindung, sorgte schon im Leben eifrig dafür, den Rangunterschied des Paares nach außen hin deutlich erkennbar zu machen. So stand dem Thronfolger zum Beispiel in den Wiener Theatern eine Hofloge zur Verfügung, während die Herzogin in einer anderen Loge Platz nehmen mußte, er durfte bei öffentlichen Anlässen mit einem Hofwagen fahren, sie mußte in einem privaten Wagen folgen: und zwar nicht nur hinter ihm, sondern hinter der jüngsten Erzherzogin. Gegen diese Behandlung hat Erzherzog Franz Ferdinand oftmals beim Kaiser aufbegehrt. Vermutlich war sie einer der Hauptgründe für die ewige Spannung und schlechte Stimmung, die zwischen diesen beiden Männern herrschte.

Für Interessierte: Erzherzog Otto verkaufte Schloß Persenbeug 1896 an Kaiser Franz Joseph; seit damals befindet es sich im Besitz von dessen Nachkommen.
Schloß Artstetten gehört den Nachkommen des in Sarajevo ermordeten Thronfolgers. In ihm ist das „Erzherzog Franz Ferdinand Museum" untergebracht, das wie die Familiengruft mit den Särgen des Thronfolgers und seiner Ehefrau besucht werden kann.

Speisesaal von Schloß Persenbeug mit reicher Stuckierung aus dem 17. Jahrhundert und das Billardzimmer.

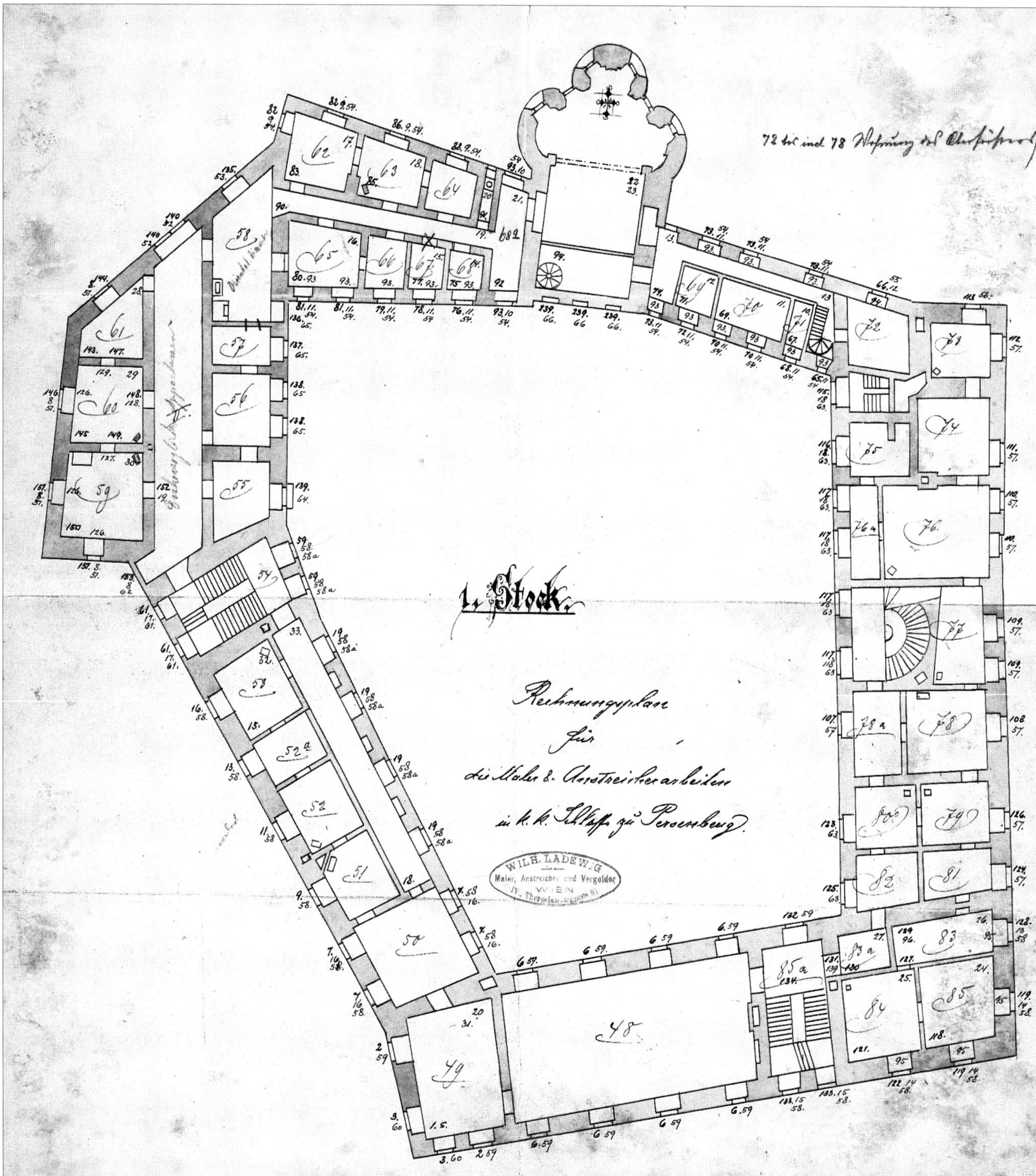

Interessantes Originaldokument des „k. k. Schlosses zu Persenbeug“ (vermutlich aus der Zeit Erzherzog Carl Ludwigs oder seines Sohnes Otto): Plan des ersten Stockwerks für „Maler- & Anstreicherarbeiten“.

Schloß Artstetten mit den vier zwiebelbekrönten Rundtürmen und einem fünften, dem Kirchenturm. Kaiser Franz II./I. erwarb es als Erweiterung des Besitzes in Persenbeug.

Salon mit Porträts Kaiserin Elisabeths (Kopie des Winterhalter-Gemäldes), der früh verstorbenen Erzherzogin Maria Annunziata, ihres Ehemanns Erzherzog Carl Ludwig und des gemeinsamen Sohns Franz Ferdinand (vermutlich sind die Aufnahmen nach dem Umbau um die Mitte der siebziger Jahre des 19. Jahrhunderts entstanden).

Das Palais in Wien und die Villa Wartholz

Zwei neuerworbene Residenzen Erzherzog Carl Ludwigs

Wer heute im „unteren", zur Innenstadt gelegenen Teil der Favoritenstraße am Haus Nummer 7 vorbeikommt, wird kaum glauben, daß der dort befindliche Neubau nur ein Viertel jenes Grundstückes ausmacht, auf dem früher das Stadtpalais Erzherzog Carl Ludwigs stand. Und er wird vermutlich sehr überrascht sein, wenn er erfährt, daß die anderen drei Viertel des Hauses sogar noch immer bestehen. Denn hinter dem modernen Bürohaus liegen in friedlicher Abgeschiedenheit drei Flügel des ehemaligen „Palais Erzherzog Carl Ludwig".
Wenn man durch die Einfahrt den Hof betritt, blickt man direkt auf das Hauptportal des Palais, das im späten 18. Jahrhundert für Freiherrn Franz von Prandau errichtet wurde. Erzherzog Carl Ludwig kaufte das Gebäude um 1864/65, mit dem Umbau begann er allerdings erst acht Jahre später – nach dem Tod seiner zweiten Ehefrau Maria Annunziata. Mit der Ausführung wurde der damals in Hofkreisen äußerst beliebte Architekt Heinrich von Ferstel betraut, der nicht nur die Votivkirche erbaut hatte, sondern auch für den jüngsten Kaiserbruder, Erzherzog Ludwig Victor, tätig war. Als besondere Sensation können in diesem Buch – vermutlich zum ersten Mal in der Geschichte des Gebäudes – Photos der Innenräume aus der Zeit gezeigt werden, als Erzherzog Carl Ludwig sie mit seiner Familie bewohnte.
Etwas später, als Erzherzog Carl Ludwig das Palais in der Favoritenstraße erworben hatte, begann er wie sein Bruder Kaiser Franz Joseph – im niederösterreichischen Luftkurort Reichenau an der Rax eine Sommerresidenz zu bauen. Ausschlaggebender Grund, die „Villa Wartholz" zu errichten, mag die sich ständig verschlechternde Lungenkrankheit seiner zweiten Ehefrau,

Die im Zweiten Weltkrieg zerstörte Straßenfront des Palais Erzherzog Carl Ludwig (links neben dem fünfgeschossigen Haus; es wird auf der Postkarte irrtümlich als „Palais Ludwig Viktor" ausgewiesen) und der aktuelle Zustand des hofseitig gelegenen Mittelflügels.

Erzherzog Carl Ludwig mit seinen vier ältesten Kindern Ferdinand, Otto, Franz Ferdinand und Margarethe (v.li.na.re.) im Hof des Palais in der Favoritenstraße.

Prinzessin Maria Annunziata von Bourbon-Sizilien, gewesen sein.
Sonderbarerweise war es genau dieses ererbte Lungenleiden gewesen – eine Familienkrankheit, die schon zahlreichen Vorfahren das Leben gekostet hatte –, das Erzherzog Carl Ludwig zunächst davon abhielt, Prinzessin Maria Annunziata kennenzulernen. Nachdem er schon eine Frau verloren hatte, wollte er dieses traurige Erlebnis nicht noch einmal durchmachen müssen. Trotzdem stimmte er eines Tages einer Begegnung mit der Tochter König Ferdinands II. von Neapel zu und fand in ihr die große Liebe seines Lebens. Prinzessin Maria Annunziata, durch ihre habsburgische Mutter ebenfalls eine Cousine Carl Ludwigs, wurde die innig geliebte Ehefrau und Mutter seiner vergötterten vier ältesten Kinder, Franz Ferdinand, Otto, Ferdinand und Margarethe. Sie starb viel zu früh: ein Jahr nach der Geburt der Tochter

Ein Verbindungszimmer mit einem Kinderbild Kaiser Franz Josephs und der klavierspielenden Erzherzogin Maria Annunziata (vermutlich sind die Aufnahmen nach dem Umbau um die Mitte der siebziger Jahre des 19. Jahrhunderts entstanden).

und knapp neun Jahre, nachdem sie den Erzherzog geheiratet hatte, im Alter von 28 Jahren. Die Aufenthalte im Luftkurort Reichenau an der Rax hatten das Fortschreiten der Krankheit nicht mehr verhindern können.

Planung und Bau der Villa wurden ebenfalls den bewährten Händen Heinrich von Ferstels anvertraut, der das Haus innerhalb von drei Jahren fertigstellte. Erzherzog Carl Franz Joseph (der spätere Kaiser Karl) genoß als Kind die Aufenthalte bei seinem Großvater Erzherzog Carl Ludwig in der Villa Wartholz, die nach dessen Tod in den Besitz seines Vaters und später in sein Eigentum überging. Wenn er sich dort während des Ersten Weltkriegs auch nur einige Stunden Aufenthalt gönnen konnte, so stellte das für ihn die größtmögliche Erholung dar.

Kurz nach der Hochzeit mit Prinzessin Zita von Bourbon-Parma hatte das junge Thronfolgerpaar sogar für einige Zeit in der Villa Wartholz gewohnt. Da die Restaurierungsarbeiten an der künftigen Residenz in Hetzendorf noch nicht abgeschlossen waren, bezog man zwischenzeitlich das Haus in Reichenau an der Rax. Im Herbst 1912 kam dort sogar der erste Sohn des Paares, Kronprinz Otto, zur Welt. Er lebt nach einem ereignisreichen (Politiker) Leben mit seiner Ehefrau, der geborenen Prinzessin Regina von Sachsen-Meiningen, in Pöcking am Starnberger See. Die Villa, in der er vor nunmehr beinahe 88 Jahren zur Welt kam, stand bis vor kurzem nach mehrfachem Besitzerwechsel erneut zum Verkauf.

Die Villa Wartholz in Reichenau an der Rax (oben), in der der spätere Kaiser Karl (unten als Kleinkind mit seinem Großvater Erzherzog Carl Ludwig in einem Wiener Atelier und einige Jahre später – Mitte – vor der Villa aufgenommen) eine glückliche Kindheit verbrachte.

Geburtstagsempfang Kaiser Karls in der Villa Wartholz am 17. August 1918: Auf der Terrasse stehen (oberhalb der Treppe) Herzogin Maria Antonia von Parma, die Mutter Kaiserin Zitas, Kronprinz Otto, Erzherzogin Maria Josepha, die Mutter Kaiser Karls, Kaiserin Zita sowie ihre jüngeren Kinder Erzherzogin Adelhaid und Erzherzog Robert und der salutierende Kaiser (v.li.na.re.); das Bild unten zeigt Kaiserin Zita im Gespräch mit Offizieren.

Eine elegante Damendreierriege mit Herzogin Sophie von Hohenberg, der Ehefrau des Erzherzog-Thronfolgers Franz Ferdinand (rechts), im Park von Schloß Konopischt.

Konopischt, Blühnbach und das Belvedere

Die Residenzen des Erzherzog-Thronfolgers Franz Ferdinand

Um ganz genau zu sein: Erzherzog Franz Ferdinand besaß mehrere Residenzen, ganz abgesehen von einigen gemieteten Objekten, denn – wie früher erwähnt – hatte er von seinem Vater die Schlösser in Ambras und in Artstetten sowie vom 1876 verstorbenen letzten Herzog von Modena aus der Linie Habsburg-Este das gesamte Vermögen geerbt, wozu in Wien das (mittlerweile abgerissene) Palais Modena in der Nähe des Stadtparks gehörte. Das Gut Konopischt in Böhmen, etwa 25 km südöstlich von Prag gelegen, hatte der Thronfolger im Jahr 1887 als Sommerresidenz erworben. Es wurde, nachdem er im Jahr 1900 die morganatische Heirat mit Gräfin Sophie Chotek, spätere Herzogin von Hohenberg, durchgesetzt hatte, zum repräsentativen Stammschloß des zum Kaiser von Österreich bestimmten Erzherzogs.
Das zu Beginn des 14. Jahrhunderts nach französischen Vorbildern in gotischem Stil errichtete Gebäude, das 1889 bis 1894 umgebaut wurde, bildete in den letzten Jahrzehnten der Habsburger Monarchie im Sommer und Herbst – neben Kaiser Franz Josephs Ischler Villa – den Mittelpunkt des Reiches: Es wurde gesellschaftlicher Treffpunkt aller Vertrauensleute, die der Thronfolger in Hinblick auf seine spätere hohe Würde um sich scharte. Die Innenräume waren mit kostbaren Antiquitäten ausgestattet, die Wände voll mit Gemälden aus der ererbten Estensischen Kunstsammlung und die Parkanlagen mit Rosenlauben, Teichen und Wildgehegen von den berühmtesten Gartenarchitekten der Zeit angelegt worden.

Schloß Blühnbach, im Süden der Stadt Salzburg gelegen, kam 1908 auf eifrigstes Betreiben des Thronfolgers in habsburgischen Privatbesitz: zum Nachteil des kaiserlichen Familienfonds, der es gegen zwei ertragreiche Güter eintauschen mußte und während der Lebenszeit Franz Ferdinands nicht einmal so viel Holz schlägern durfte, um die Betriebskosten des Anwesens zu decken. Der Thronfolger wollte es ausschließlich zu Jagdzwecken nutzen. Auch bei den Umbauarbeiten setzte der sonst als kämpferischer Denkmalpfleger auftretende Mann seinen eigenen Kopf durch. Er ließ das original erhaltene Renaissancegebäude mit Türmen und nachgeahmtem Renaissance- und Barockzierrat versehen. Andererseits beauftragte er die Antiquitätenhändler der Gegend, ihm für Schloß Blühnbach Möbel aus dem Besitz Erzbischofs Wolf Dietrich von Raitenau zu besorgen, als er erfahren hatte, daß das Schloß früher diesem Kirchenfürsten gehört hatte.

Aus dem frühen 18. Jahrhundert stammt das von Johann Lukas von Hildebrandt für Prinz Eugen von Savoyen errichtete Schloß Belvedere in Wien, das aus einem unteren und einem oberen Schloß besteht. Zu Lebzeiten Prinz Eugens diente das Untere Belvedere als privater Wohnsitz, während das Obere Belvedere für repräsentative Zwecke verwendet wurde. Schon nach dem Tod des Prinzen kam die Anlage in den Besitz des kaiserlichen Hofes, wurde aber erst ab dem Jahr 1900 erstmals von einem Habsburger bewohnt. Damals erhielt der Thronfolger Franz Ferdinand das Obere Belvedere als Residenz zugewiesen, das für ihn restauriert und den Anforderungen der Zeit folgend mit modernen Bädern versehen wurde. Fürst Alfons Clary-Aldringen, der über die gebürtige Gräfin Sophie Chotek mit dem Thronfolgerpaar verwandt war, hinterließ in seinen Memoiren ein schönes Dokument darüber, wie das Familienleben in Schloß Belvedere ablief. Wie alle, denen es vergönnt gewesen war, in Nahbereich Erzherzog Franz Ferdinands leben

Schloß Konopischt in Böhmen, die Sommerresidenz des Thronfolgers Franz Ferdinand.
Gesellschaft im Park von Schloß Konopischt: Der spätere Kaiser Karl im Gespräch mit der Herzogin von Hohenberg (neben ihr ein Sohn, im Hintergrund ist Erzherzog Franz Ferdinand zu erkennen) vor einem für eine Veranstaltung eigens errichteten Pavillon.

Schloß Blühnbach mit den Turmaufsätzen und dem nachgeahmten Renaissance- und Barockzierat nach dem Umbau im Jahr 1915 und der Empfangsraum im Erdgeschoß.

Das Obere Belvedere – die Verglasung des Mittelteiles stammt aus der Zeit Erzherzog Franz Ferdinands – von außen und von innen (mit dem Thronfolgerpaar und seinen Kindern).

Herzogin Sophie von Hohenberg und ihr Ehemann, Erzherzog-Thronfolger Franz Ferdinand, in ihren Arbeitszimmern in Schloß Belvedere.

zu dürfen, hob er besonders die dort herrschende glückliche Atmosphäre hervor: „Tante Sophie lud uns ... zur Jause ins Belvedere ein, unerwartet erschien plötzlich der Erzherzog – wir erstarrten förmlich in unserer Habt-Acht-Stellung. Er begrüßte uns freundlich und fragte uns nach dem Dienst in der Militärschule aus. Wir waren damals von seiner Persönlichkeit stark beeindruckt, man spürte deren Kraft; wir waren froh, unseren zukünftigen Kaiser in einer so gelösten Stimmung zu sehen ... (Ich lernte) den Erzherzog als freundlichsten Hausherren kennen, der mit seinen Kindern spielte und lachte ... Wie gut verstand ich nun, daß der Erzherzog auf seiner Liebesheirat bestanden und seinen Willen gegen die schwersten Hindernisse und auch Opfer durchgesetzt hatte." (Clary-Aldingen, S. 187f.)

Für Interessierte: In Konopischt sind die Appartements, die historische Waffensammlung und die Bibliothek zu besichtigen, Schloß Blühnbach wird privat genutzt, im Oberen und Unteren Belvedere (beide Gebäude befinden sich seit Ende der Monarchie in Staatsbesitz) sind die Österreichische Galerie und das Barockmuseum untergebracht. Erzherzog Franz Ferdinands wird in Wien an anderer Stelle gedacht: Im Heeresgeschichtlichen Museum sind der Gräf-&-Stift-Wagen und die Uniform des Thronfolgers ausgestellt, die die Spuren des Attentats von Sarajevo tragen.

Schloß Schönau an der Triesting: Atelier und Bibliothek mit Gemälden Erzherzog Ottos.

Die Villa in Schönau an der Triesting

Landsitz und Werkstätte Erzherzog Ottos

An der Stelle der heutigen Villa in Schönau befand sich im Mittelalter ein Wasserschloß, das zu Beginn des 19. Jahrhunderts zu einem Schlößchen mit romantischer Parkanlage umgebaut wurde. Erzherzog Otto, ein Bruder des Thronfolgers Franz Ferdinand, erwarb es gegen Ende des 19. Jahrhunderts und ließ es nach eigenen Vorstellungen neu herrichten. Wenn das Gebäude heute auch geschmacklich überholt scheint, so war es in seiner Zeit eines der modernsten Häuser, die sich im Besitz von Mitgliedern der Kaiserfamilie befanden. Abgesehen davon, daß sich Erzherzog Otto an der Planung und den Bauarbeiten selbst beteiligte, war er – wie auch sein Onkel Kaiser Franz Joseph – ein hochbegabter Maler, der hier als Rahmen für seine künstlerische Arbeit ein lichtdurchflutetes Haus schuf. Er ließ es mit riesigen Panoramafenstern versehen und innen mit den neuartigsten Vorrichtungen ausstatten.

Nach dem frühen Tod Erzherzog Ottos im Jahr 1906 verkaufte seine Witwe, Erzherzogin Maria Josepha, Schloß Schönau an die Tochter von Kronprinz Rudolf, die spätere sogenannte „rote Erzherzogin". Elisabeth („Erszi"), die die habsburgische Familiengeschichte um eine Menge Skandale bereicherte, besaß aber auch eine besondere Fähigkeit. Sie beschäftigte sich mit Parapsychologie und errang auf diesem Gebiet sogar wissenschaftliche Qualifikation. In der einschlägigen Literatur findet sie bis heute Erwähnung, da es ihr offensichtlich gelang, mehrere Fälle von Poltergeist-Besessenen zu kurieren. Praktiziert hat sie – wider besseres Wissen – im eigenen Haus in Schönau, wobei sie prompt die „Geister, die sie gerufen hatte", nicht mehr los wurde. Im Haus ächzte, polterte und krachte es angeblich derart, daß sie es eines Tages verlassen mußte. Die Poltergeister machten sich durch

Badezimmer und Küche von Schloß Schönau aus der Zeit, als Erzherzog Otto das Gebäude bewohnte.

die verschiedensten Geräusche bemerkbar. „Es gab eine Glocke im Turm, die von Zeit zu Zeit läutete ... Es gab auch dumpfe Geräusche, wie zum Beispiel Schläge an die Außenseite des Raumes, in dem man sich gerade befand ... Im Salon hatten die Fauteuils Räder an den Beinen. Während der Nacht, wenn alles schlief, begannen die Fauteuils herumzurollen, zu rutschen und zu tanzen. Das Durcheinander, das man am Morgen dann vorfand, war unglaublich ... Das Schloß gehörte Elisabeth nicht mehr allein, sie teilte es mit Geistern." (Windisch-Graetz, S. 394f.) Also zog sie nach Wien und ließ ihre übersinnlichen Fähigkeiten in Hinkunft ruhen (der jetzige Besitzer der Villa, der allerdings nicht darin wohnt, versichert, daß es im Gebäude seit Jahrzehnten zu keinen übersinnlichen Vorkommnissen kam).

Für Interessierte: In den letzten Jahren war in Schloß Schönau eine Ausbildungsstätte der Gendarmeriesondereinheit „Kobra" untergebracht. Vor kurzem ist hier eine „Kulturgesellschaft" eingezogen, die das historische Gebäude für Ausstellungen nutzen möchte.

Schloß Schönau an der Triesting (Südseite mit Panoramafenster und Teich).
Unten: Erzherzogin Elisabeth, die mit übersinnlichen Fähigkeiten ausgestattete Nachbesitzerin von Schloß Schönau, mit ihrer Tochter Stephanie.

Speisezimmer des Kaiserpaares im Badener Kaiserhaus (um 1917).

Das Kaiserhaus in Baden

Von der Sommervilla zur Militärkommandozentrale

Wenn man einen Fremden, der in Baden über den Hauptplatz spaziert, fragte, wo er das ehemalige Kaiserhaus vermute, würde er mit Sicherheit danebenraten: So unscheinbar sieht das Gebäude aus, das der kaiserlichen Familie im frühen 19. Jahrhundert als Sommerwohnung diente. Kaiser Franz II./I. hatte das Haus, das dem Café Central schräg gegenüberliegt, gegen den Willen seiner damals – dritten – Ehefrau gekauft. Kaiserin Maria Ludovika fand es zu klein, zu unbequem und beschwerte sich darüber, daß man darin keine Bediensteten unterbringen konnte. Als der Kaiser 1835 starb, verlor sich das Interesse an Baden und an der dortigen Wohnung. Das Haus blieb allerdings in Familienbesitz. Die verwitwete vierte Ehefrau, Kaiserin Caroline Auguste, zog es aber in Richtung Salzburg, wo sie sich in der ehemaligen Fürsterzbischöflichen Residenz einrichtete.

Trotzdem sollte das Kaiserhaus in Baden noch einmal einem Habsburger als Wohnsitz dienen. Als im Jahr 1917 das Armeeoberkommando von Teschen in Böhmen nach Baden verlegt wurde, zog Kaiser Karl mit seiner Familie in den niederösterreichischen Kurort und lenkte von dort – gegen Ende des Ersten Weltkriegs – die politischen und militärischen Geschehnisse. Heute erinnert nichts mehr an diese letzte Epoche des österreichischen Kaisertums: Im ehemaligen Kaiserhaus, in dem Wohnungen und Büros untergebracht sind, herrscht bürgerlicher Alltag.

Arbeitszimmer des Kaiserpaares im Badener Kaiserhaus (um 1917).

Festveranstaltung anläßlich des Geburtstags von Kaiserin Zita auf dem Hauptplatz von Baden: Ein Mädchen überreicht Kaiser Karl ein Geschenk für seine Ehefrau. Unten: Das Kaiserhaus in Baden (li.) mit der Pestsäule und dem Café Central.

Hochzeitsempfang im Palais Erzherzog Ludwig Victor, den der Kaiserbruder (mittlere Reihe 3.v.li.) seinem Patenkind, Gräfin Felicie Hoyos, gab.

Palais Erzherzog Ludwig Victor am Schwarzenbergplatz

Die Wiener Residenz des jüngsten Kaiserbruders

Wie schon in meinem Buch über Erzherzog Ludwig Victor angedeutet, wissen weder Habsburginteressierte noch Historiker viel von seinem Leben, und wenn von ihm schon einmal die Rede ist, dann nur im Zusammenhang mit einer Prügelei in homosexuellen Kreisen. Abgesehen davon, daß dieser jüngste Bruder Kaiser Franz Josephs (geboren 1842) auch Frauen liebte, läßt sich heute nicht einmal das dem bekannten Skandal zugrunde liegende Ereignis belegen, das sich angeblich in den sechziger Jahren ereignete. Hingegen konnten aber drei geläufige Falschmeldungen widerlegt werden: Denn weder wurde Erzherzog Ludwig Victor aus dem Familienkreis, noch vom öffentlichen Leben und schon gar nicht – wie es immer heißt – vom Kaiser nach Schloß Klesheim verbannt. Als Beweise dafür können Briefe der Kaiserbrüder angeführt werden sowie zeitgenössische Presseartikel, die von den öffentlichen Terminen berichten, und die rege Bauherrentätigkeit Erzherzog Ludwig Victors, die genau in die sechziger Jahre fällt: In dieser Zeit hat er nämlich sowohl sein Wiener Palais errichtet als auch seinen Salzburger Wohnsitz umbauen und vergrößern lassen.

Heinrich von Ferstel hatte den Auftrag für den Bau an der Wiener Ringstraße erhalten, den er zwischen 1863 und 1869 ausführte. Das im Stil der italienischen Renaissance gehaltene Gebäude liegt mit der Hauptfront zum Schwarzenbergplatz und einer Seitenfront zur Ringstraße und wurde im Jahr 1911 (also noch zu Lebzeiten Erzherzog Ludwig Victors) verkauft. Kaiser Franz Joseph wollte es damals – noch bevor man an Schloß Hetzendorf dachte – als Residenz für das junge Brautpaar Erzherzog Carl Franz Joseph und Prinzessin Zita von

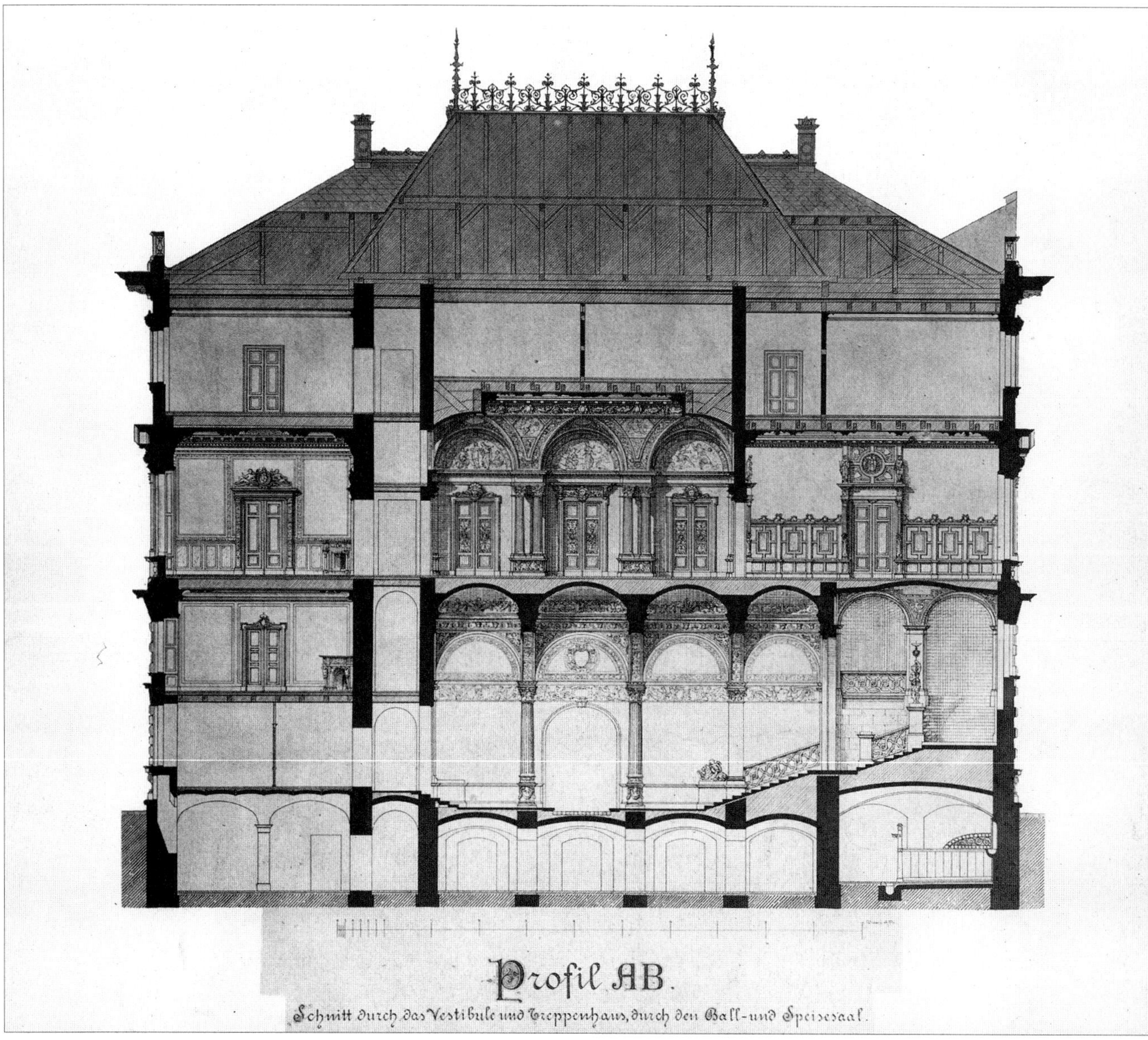

Querschnitt durch das Palais, das zwischen 1863 und 1869 von Heinrich von Ferstel geplant und gebaut wurde.

Blick in das zum Schwarzenbergplatz gelegene Treppenhaus, das – beinahe unverändert – erhalten ist und während des Tages besichtigt werden kann.

Bourbon-Parma erwerben. Ein anderer Käufer war ihm aber zuvorgekommen, und bald darauf wurde im ehemaligen Palais des Kaiserbruders das Wiener Militärkasino eingerichtet.

Für Interessierte: Der noch immer gut erhaltene Ringstraßenbau beherbergt heute Büros, aber auch eine Zweigstelle des Wiener Burgtheaters und kann während der Vorstellungen besichtigt werden.

Salon mit Habsburger Gemäldegalerie: Erzherzogin Sophie, die Mutter des Erzherzogs, sein Bruder Kaiser Franz Joseph und dessen Frau Elisabeth sowie Erzherzog Franz Carl, der Vater Erzherzog Ludwig Victors (v.li.na.re.).
Polsterbank im Palais am Schwarzenbergplatz mit den Initialen „LV" (für Ludwig Victor) des Erzherzogs (rechts).
Das eingerüstete Palais im Jahr 1900, das offensichtlich schon damals renoviert werden mußte (unten).

Das Palais am Schwarzenbergplatz (oben re.) in Richtung zum Ring und ein Kutschengespann des Erzherzogs vor dem Hauptportal.

Gartenseite von Schloß Klesheim, das von Johann Bernhard Fischer von Erlach errichtet wurde.

Schloss Klesheim und das Jagdhaus Landl in Tirol

Zweit- und Drittwohnsitze Erzherzog Ludwig Victors

Der in Graz geborene Architekt Johann Bernhard Fischer von Erlach, der den meisten kunsthistorisch interessierten Menschen als Erbauer von Schloß Schönbrunn bekannt ist, begann seinen beruflichen Aufstieg in Salzburg, wo er lange Zeit für die Fürsterzbischöfe tätig war. So entstand 1690 unter Graf Johann Ernst Thun Schloß Klesheim (früher auch: Kleßheim), das nach einem ehemals dort befindlichen Gut mit Namen „Kleshof" benannt wurde. Um diese Zeit nahm Fischer auch die Tätigkeit in Wien auf. Hier schuf er im Auftrag der drei im Barock herrschenden Habsburger – der Kaiser Leopold I., Joseph I. und Karl VI. – seine bedeutendsten Bauwerke: Schloß Schönbrunn, die Hofbibliothek, die Karlskirche und eine Anzahl privater Adelspaläste. Nachdem der Architekt die kaiserliche Familie einmal für sich gewonnen hatte, hielt sie ihm die Treue bis über den Tod hinaus: Noch im 19. Jahrhundert wurden in Wien einzelne Abschnitte der Hofburg nach den Entwürfen Fischers von Erlach fertiggestellt.

Aber auch die vorhandenen Originalbauten Fischers verloren nicht an Anziehungskraft. Erzherzog Ludwig Victor zog 170 Jahre nach dem Tod des großen Baumeisters in Schloß Klesheim ein. Dort hielt er sich ab 1861 regelmäßig auf, wohnte allerdings auch weiterhin in Wien. Als Bruder Kaiser Franz Josephs stand ihm seit seiner Kindheit ein Appartement in der Hofburg zur Verfügung, seine künftige Residenz am Schwarzenbergplatz war erst Ende der sechziger Jahre bezugsfertig. Alle Historiker und Biographen des Erzherzogs sollte deshalb nicht nur dessen früher Einzug in Klesheim interessieren, sondern vor allem die Tatsache, daß er sich auch danach immer wieder in Wien aufhielt – da auch damit bewiesen

Eine Tennispartie und eine Tennisgesellschaft im Park des Schlosses Klesheim mit dem Erzherzog (oben mit dem Rücken zum Betrachter unten als 5.v.li.)

Speisesaal in Schloß Klesheim: Anders als seine Verwandten richtete Erzherzog Ludwig Victor seine Häuser gerne hell und freundlich ein und legte Wert auf lichtdurchflutete Räume.
Unten: Ausstellung der Geschenke, die der Erzherzog zu seinem 60. Geburtstag bekam.

Das „Kavaliershaus“ (neben Schloß Klesheim), in dem der Erzherzog im Winter wohnte.
Das Gittertor zum „Kavaliers- oder Winterhaus“ mit dem „Thorwächter Wacek“ (1894).

Das Jagdhaus in Landl in Tirol und ein Blick in einen Salon.

Vestibül von Schloß Klesheim mit prächtig dekoriertem Portier.

Das mit dem Erzherzog befreundete Ehepaar Vicomtes Almeida in einem Salon von Klesheim (Aufnahme von Erzherzog Ludwig Victor, 1893).

werden kann, daß der Erzherzog eben nicht nach Salzburg verbannt worden war.

1866 wurde Schloß Klesheim in das Privateigentum Erzherzog Ludwig Victors übertragen. Kaiser Franz Joseph ließ es nach dem verlorenen Krieg gegen Preußen aus dem Besitz des Ärars lösen, um die Staatskasse zu entlasten. Das Haus war allerdings nicht winterfest – die alten Kachelöfen waren nur schwer zu beheizen – daher zog der Erzherzog in der kalten Jahreszeit zu seiner Großmutter, Kaiserin Caroline Auguste, in die Salzburger Residenz. Im Jahre 1879 wurde dem Kälteübel aber ein Ende gesetzt: Der schon so oft erwähnte Wiener Architekt Heinrich von Ferstel errichtete neben Schloß Klesheim das sogenannte „Kavaliershaus", in dem Erzherzog Ludwig Victor in Hinkunft die Winter verbrachte.

Mit mehreren verschleppten Grippeerkrankungen und rheumatischen Beschwerden steht der Kauf eines Jagdhauses in Tirol in Zusammenhang. Nachdem Erzherzog Ludwig Victor einige Luftkuraufenthalte im Inntal verbracht hatte, erwarb er in den achtziger Jahren ein Jagdhaus in dem nahe Kufstein gelegenen Ort Landl. Die Besitzergeschichte dieses Gebäudes läßt sich leider nicht mehr genau nachvollziehen, da man sich in der Gemeinde kaum mehr an die Aufenthalte des jüngsten Kaiserbruders erinnert. Er muß Landl aber zumindest 15–20 Jahre hindurch besessen und bewohnt haben, das ganz in seinem Stil – schlicht und mit spärlichen Landhausakzenten – eingerichtet war.

Für Interessierte: Schloß Klesheim wird heute hauptsächlich von Spielern frequentiert – im ehemaligen Wohnhaus Erzherzog Ludwig Victors ist das Salzburger Casino untergebracht. Das Jagdhaus Landl befindet sich in Privatbesitz, kann aber zumindest von außen besichtigt werden.

Ein Familientreffen der Nachkommen Erzherzog Carls im Park der Weilburg in Baden. Unter dem Zelt sind zu erkennen: Carls Sohn, der Deutschmeister Erzherzog Wilhelm (re. mit Hund), die Enkelinnen Maria Theresia (spätere Herzogin von Württemberg) und Mathilde (3.u.4.v.re.), hinter letzterer Erzherzogin Maria Karoline, eine Tochter Erzherzog Carls, etwa in der Bildmitte (vorgebeugt mit dunkelumrandetem Hut) Erzherzogin Hildegard, Ehefrau Erzherzog Albrechts und Schwiegertochter Erzherzog Carls, sowie (li. auf dem Stuhl mit dem Rücken zum Betrachter) Erzherzog Rainer, Neffe und Schwiegersohn Erzherzog Carls.

Die Albertina in Wien, die Weilburg in Baden, das Palais Grassalkowitsch in Pressburg und die Villa Maria Theresia am Traunsee

Residenzen der Nachkommen Erzherzog Carls

Wie schon zu Beginn des Bandes erklärt, lebten im 19. Jahrhundert beinahe 200 Habsburger, von denen jeder zumindest einen repräsentativen Wohnsitz besaß. Die Mitglieder der kaiserlichen Linie hatten zwangsläufig mehrere, da ihnen einerseits die hofärarischen Schlösser (wie Schönbrunn und die Hofburg) zur Verfügung standen, die sie andererseits durch Privatgüter reichlich vermehrten. Eigentlich stellten diese – wie Schloß Laxenburg, die kaiserlichen Jagdhäuser in Radmer und Mürzsteg, die Villa Wartholz, Schloß Klesheim usw. – den Großteil der Residenzen dar, obwohl viele Menschen glauben, daß alles nach dem Ersten Weltkrieg Beschlagnahmte „rechtmäßig" in den Besitz der Republik übergeführt wurde. Die meisten wissen bis heute nicht, daß die Enteignung auch private Möbel und persönliche Geschenke betraf und daß sogar Kleidungsstücke und die Windeln der Kaiserkinder beschlagnahmt wurden.

Das immense habsburgische Privatvermögen stammte aus den Tagen Kaiserin Maria Theresias. Ihr Ehemann, Kaiser Franz I. Stephan, der anläßlich der Hochzeit seine Herzogtümer Lothringen und Bar gegen die Toskana eintauschen mußte, hatte in Italien so erfolgreich gewirtschaftet, daß sein Sohn, Kaiser Joseph II., mit einem

Die Weilburg in Baden.

Bruchteil dieses Erbes die Staatsschulden bezahlen konnte. Aber nicht nur die kaiserliche Linie verfügte über ein enormes Vermögen, es gab auch etliche andere Habsburger, die gut erbten und glücklich wirtschafteten. Unter diesen ist vor allem Erzherzog Carl, der Sieger von Aspern, zu nennen, der nach dem Tod seines Onkels, Herzog Albert von Sachsen-Teschen, dessen gesamten Besitz erhielt. Als Wiener Wohnsitz stand ihm dadurch – die nach dem Herzog und seinen Kunstsammlungen benannte – „Albertina" zur Verfügung.

Als Landsitz ließ Erzherzog Carl für sich und seine Familie die Weilburg bei Baden errichten. Den Bauauftrag erhielt der angesehene Wiener Architekt Josef Kornhäusel, der damit einen der bedeutendsten klassizistischen Schloßbauten Österreichs schuf. Leider besteht das in den frühen zwanziger Jahren des 19. Jahrhunderts errichtete Gebäude nicht mehr. Es wurde während des Zweiten Weltkriegs durch Bombentreffer beschädigt und 1964 abgerissen, um Neubauten Platz zu machen.

Erzherzog Albrecht, der älteste Sohn Erzherzog Carls, erbte den Besitz seines Vaters, zu dem auch land- und forstwirtschaftliche Betriebe gehörten. Straffer Militär, der er war, schuf er für diese Güter, die sich nicht nur in Niederösterreich, sondern auch in Teschen und Selowitz befanden, ein zentrales Verwaltungsgebäude (den heutigen Hanuschhof), das er dem Wiener Wohnsitz gegenüber einrichtete. Diesem begabten Wirtschafter und Heeresorganisator war privat wenig Glück beschieden. Seine Ehefrau, Prinzessin Hildegard von Bayern, starb 1864 im Alter von 39 Jahren. Sie hatte ihm drei Kinder geschenkt: den einzigen Sohn Karl, der im Alter von eineinhalb Jahren verstarb, die Tochter Mathilde, die achtzehnjährig bei einem Unfall verbrannte, und die älteste Tochter Maria Theresia, die als einzige das Erwachsenenalter erreichte und die Ehefrau Herzog Philipps von Württemberg wurde.

Da Erzherzog Albrecht keinen männlichen Erben hatte, ging der Besitz nach seinem Tod an seinen ältesten Neffen, Erzherzog Friedrich, über. Zu seinem Sommerwohnsitz hatte dieser wie sein Onkel wirtschaftlich und militärisch hochbegabte Mann das ehemalige Palais Grassalkowitsch in Preßburg gewählt, das denselben Bauherren wie Schloß Gödöllö aufweist: Anton Grassalkowitsch (Grassalkovics). Dieser Jurist, der 1694 in ärmlich-

Enthüllung des Erzherzog-Albrecht-Denkmals vor der Albertina in Wien (1899). Das Gebäude, das mit der Hofburg verbunden ist, war ursprünglich ein eigenständiges Palais und von einem Grafen Tarouca erbaut worden.

Der Sommerwohnsitz Erzherzog Friedrichs: das Palais Grassalkowitsch in Preßburg.

Der prächtige Mittelsalon (im vorspringenden Gebäudeteil) des Palais Grassalkowitsch in Preßburg.

Herzogin Maria Theresia (4.v.li.), geborene Erzherzogin von Österreich, mit ihrer Familie im Park des Gmundner Schlosses.

sten Verhältnissen geboren worden war und sein Studium als Bettelstudent absolvierte, brachte es im Laufe seines Lebens zu einigem Reichtum. So konnte er es sich als Bürgerlicher leisten, eine Gräfin um ihre Hand zu bitten, die in die Verbindung auch noch ein beträchtliches Vermögen mit einbrachte. Im Zuge seines sozialen Aufstiegs ließ der mittlerweile nobilitierte Anton Grassalkowitsch das Palais in Preßburg sowie Schloß Gödöllö errichten, in dem er 1751 sogar Kaiserin Maria Theresia als Gast begrüßen durfte. Die nächste Standeserhöhung erlebte die Familie unter Kaiser Joseph II.: Dieser erhob den Sohn Antons 1784 in den Reichsfürstenstand. Ein Menschenalter später war aber aller Aufstieg wieder vorbei – das Fürstengeschlecht der Grassalkowitsch erlosch in der dritten Generation.

Blick in das Speisezimmer der Villa am Traunsee mit Anrichte und Polsterstühlen mit dem herzoglich-württembergischen Wappen.

Zurück zu Erzherzogin Maria Theresia, dem einzig überlebenden Kind Erzherzog Albrechts: Als sie ein Jahr nach dem Tod ihrer Mutter Herzog Philipp von Württemberg heiratete, beschloß das junge Paar, seinen Hauptwohnsitz in Wien zu nehmen, um dem vereinsamten Vater und Schwiegervater nahe zu sein. 1862 begann man an der Ringstraße ein Palais zu errichten, das sich – etwas aufgestockt und leicht verändert – bis heute dort befindet. 1873 wurde das Gebäude verkauft und wird seit damals als luxuriöse Gästeunterkunft verwendet: Im Hotel Imperial, damals „k. k. Hofhotel“, steht es jedem Kaffeehausbesucher frei, den Empfangsraum und die Speisesäle zu besichtigen. Mit dem Erlös aus dem Verkauf des Ringstraßenpalais finanzierte Herzog Philipp von Württemberg ein Grundstück und den Bau einer Villa im Salzkammergut. Am Traunsee entstand die nach der Erzherzogin benannte „Villa Maria Theresia“, die wegen ihrer großzügigen Anlage besser als „Schloß Württemberg“ bekannt ist. In dem ebenfalls noch bestehenden Gebäude, das sich auf einer Anhöhe über dem See befindet, ist heute eine Privatschule untergebracht.

Für Interessierte: Wer die Graphische Sammlung in der Albertina besucht, durchschreitet dabei auch Räume, die aus der Zeit Erzherzog Carls stammen. Wer sich auf die Spuren der Familie Grassalkowitsch begeben möchte, kann das sogar in Wien tun. Dem Haupteingang des Augartenpalais gegenüber befindet sich das ehemalige Grassalkowitsch-Schlößl (Obere Augartenstraße 40).

1 Schloss Schönbrunn
Hofburg
Augartenpalais
Schloss Hetzendorf
Palais Erzherzog
Carl Ludwig
Belvedere
Palais Erzherzog
Ludwig Victor
Albertina
Schloss Laxenburg
2 Kaiservilla in Ischl
3 Kammerhof in Eisenerz
4 Jagdschlösschen Radmer
5 Schloss Mürzsteg
6 Jagdhaus Langbathsee
7 Jagdhaus am Offensee
8 Residenz in Salzburg
9 Hofburg in Innsbruck
10 Hradschin in Prag
11 Hofburg in Budapest
12 Schloss Gödöllö
13 Rudolfsvilla in
Reichenau an der Rax
14 Schloss Miramare
bei Triest
15 Schloss Am(b)ras
bei Innsbruck
16 Schloss Persenbeug
17 Schloss Artstetten
18 Schloss Konopischt
19 Schloss Blühnbach
20 Villa in Schönau an der
Triesting
21 Kaiserhaus in Baden
22 Schloss Klesheim
23 Jagdhaus Landl in Tirol
24 Weilburg in Baden
25 Palais Grassalkowitsch
in Pressburg
26 Villa Maria Theresia
am Traunsee
27 Villa Wartholz in
Reichenau an der Rax
28 Achilleon auf Korfu

Bearbeitet von J.G. Rothaug.

Anst. von G. Freytag & Berndt, Wien.

LITERATURVERZEICHNIS

Ausstellungskatalog Caroline Auguste (1792–1873), Namenspatronin des Salzburger Museums. Kaiserliche Wohltäterin in Salzburg. Salzburg 1993

Karl *Baedeker*, Oesterreich (ohne Dalmatien, Ungarn und Bosnien). Leipzig 1907

Karl *Baedeker*, Österreich. Leipzig 1926

Karl *Baedeker*, Oesterreich-Ungarn. Leipzig 1887

Georg *Clam-Martinic*, Burgen und Schlösser in Österreich. Von Vorarlberg bis Burgenland. Wien 1998

Alfons *Clary-Aldringen*, Geschichten eines alten Österreichers. Frankfurt, Berlin, Wien 1977

Egon *Caesar Conte Corti*, Die Tragödie eines Kaisers. Wien 1951

Felix *Czeike* (Hg.), Das große Groner Wien Lexikon. Wien, München, Zürich 1974

Die Kunstdenkmäler Österreichs: *Dehio* Niederösterreich. Wien 1953

Dehio Steiermark (ohne Graz). Wien 1982

Dehio Tirol. Wien 1980

Dehio Wien. Wien, München 1954

Julia *Droste-Hennings*, Oberösterreich. Köln 1998

Hermann A. *Griesser*, Konfisziert. Österreichs Unrecht am Hause Habsburg. Wien, München 1986

Edgard *Haider*, Verlorenes Wien. Adelspaläste vergangener Zeiten. Wien, Köln, Weimar 1984

Brigitte *Hamann*, Die Habsburger. Ein biographisches Lexikon. Wien 1988

Alois *Hauszmann*, Die ungarische Königsburg. Budapest 1912

Prinz Wilhelm Karl von *Isenburg*, Stammtafel zur Geschichte der deutschen Staaten. Mehrere Bände. Berlin, mehrere Jahrgänge

János *Kalmár*/Andreas *Lehne*, Die Wiener Ringstraße. Wien 1999

K. *Kandl*/Erich *Egg*, Führer durch Innsbruck, Hall und Umgebung. Innsbruck 1951

Eugen *Ketterl*, Der alte Kaiser, wie nur Einer ihn sah. Der wahrheitsgetreue Bericht des Leibkammerdieners Kaiser Franz Josephs. Wien 1980 (Ersterscheinung 1929)

Hubert *Kittinger*, Hofburg, Silberne Kapelle und Hofkirche zu Innsbruck. Innsbruck 1949

Harry *Kühnel*, Wiener Geschichtsbücher – Die Hofburg. Wien, Hamburg 1971

Quirin *Leitner*, Monographie des kaiserlichen Lustschlosses Schönbrunn. Wien 1875

Reinhold *Lorenz*, Kaiser Karl und der Untergang der Donaumonarchie. Graz, Wien, Köln 1959

Museumsführer Österreich. Über 1400 Museen, Sammlungen und Ausstellungen im Überblick. Wien 1999

Nina *Nemetscke*/Georg J. *Kugler*/Ulrike *Müller-Kaspar*, Lexikon der Wiener Kunst und Kultur. Wien 1990

Georg *Nostitz-Rieneck* (Hg.), Briefe Kaiser Franz Josephs an Kaiserin Elisabeth 1859–1898. Wien, München 1966

Eva *Ottilinger*/Lieselotte *Hanzl*, Kaiserliche Interieurs. Die Wohnkultur des Wiener Hofes im 19. Jahrhundert. Wien, Köln, Weimar 1997

Gabriele *Praschl-Bichler*, Das Familienalbum von Kaiser Franz Joseph und Elisabeth. Wien 1995

Gabriele *Praschl-Bichler*, Das Familienalbum von Kaiser Karl und Kaiserin Zita. Wien 1996

Gabriele *Praschl-Bichler*, Die Habsburger in Bad Ischl. Die Württemberger und Hannoveraner am Traunsee. Graz, Stuttgart 1997

Gabriele *Praschl-Bichler*, Die Habsburger in Salzburg. Graz, Stuttgart 1999

Gabriele *Praschl-Bichler*, „Gott gebe, daß das Glück andauere". Liebesgeschichten und Heiratssachen im Hause Habsburg. Wien, München 1997

Gabriele *Praschl-Bichler*, Kaiserin Elisabeth – Mythos und Wahrheit. Mit Kommentaren von Gerti Senger und Walter Hofmann. Wien 1996

Gabriele *Praschl-Bichler*/Josef *Cachée*, „Sie haben's gut, Sie können ins Kaffeehaus gehen!" Kaiser Franz Joseph ganz privat. Wien, München, Berlin 1994

Gabriele *Praschl-Bichler*/Josef *Cachée*, „... von dem müden Haupte nehm' die Krone ich herab" – Kaiserin Elisabeth privat. Wien 1995

Oscar *Raschauer*, Schönbrunn. Eine denkmalkundliche Darstellung seiner Baugeschichte. Der Schloßbau Kaiser Josephs I. Wien 1960

Wilhelm G. *Rizzi*, Das Augartenpalais. In: Österreichische Zeitschrift für Kunst und Denkmalpflege, Heft Nr. 37, Jahrgang 83/84, S. 12 ff.

Martha und Horst *Schad* (Hg.), Marie Valerie. Das Tagebuch der Lieblingstochter von Kaiserin Elisabeth von Österreich. München 1998

Franz *Schnürer*/Carl von *Bertele*, Radmer. Gedenkblätter zur Dreijahrhundert-Feier der Kirche. Wien 1902

Klaus Albrecht *Schröder*, Waldmüller. München 1990

Paul *Schultze-Naumburg*, Hausbau. Bd. 1 der „Kulturarbeiten". München 1912

Anna Maria *Sigmund*, Das Haus Habsburg – Habsburgs Häuser. Wohnen und Leben einer Dynastie. Wien 1995

Gustav *Wilhelm*, Die Fürsten von Liechtenstein und ihre Beziehungen zu Kunst und Wissenschaft. Schaan 1976

Ghislaine *Windisch-Graetz*, Kaiseradler und rote Nelke. Wien, München 1988

Hans Karl *Zessner-Spitzenberg*, Kaiser Karl. Salzburg 1953

Josef *Zykan*, Laxenburg. Wien, München 1969

Mehrere Ausgaben der *Gothaischen Genealogischen Taschenbücher* aus dem 19. Jahrhundert.

Alphabetisches Personenregister

aller im Buch genannten Könige, Kaiser, Herzoge, Großherzoge, Erzherzoge etc. aus dem Hause Habsburg-Lothringen

Chronologisches Personenregister

aller im Buch genannten Habsburger (nach dem System der *Gothaischen Genealogischen Taschenbücher)*

1. Rudolf I. (1218–1291), römisch-deutscher König, Stammvater aller Regenten aus dem Hause Habsburg, Sohn Graf Albrechts IV. von Habsburg (gest. 1239/40) und der Gräfin Hedwig von Kyburg (gest. 1260), verheiratet 1. mit Gräfin Gertrud von Hohenberg (1225–1281) und 2. mit Prinzessin Agnes von Burgund (1270–1323).

2. Ferdinand I. (1503–1564), römisch-deutscher Kaiser, Urururururenkel König Rudolfs I. (Nr. 1), Sohn Philipps I., des Königs von Kastilien und Erzherzogs von Österreich (1478–1506), und der Prinzessin Johanna von Portugal (1479–1555), verheiratet mit Prinzessin Anna von Böhmen (1503–1547).

3. Maximilian II. (1527–1576), römisch-deutscher Kaiser, Sohn Kaiser Ferdinands I. (Nr. 2), verheiratet mit seiner Cousine Erzherzogin Maria (1528–1603).

4. Ferdinand II. (1529–1595) von Tirol (vom 14. bis zum 15. und vom 16. bis zum 17. Jahrhundert waren die habsburgischen Länder dreigeteilt, es gab eine österreichische, eine steirische und eine Tiroler Linie), Erzherzog von Österreich, Sohn Kaiser Ferdinands I. (Nr. 2) und Bruder Kaiser Maximilians II. (Nr. 3), in erster Ehe heimlich mit Philippine Welser (1527–1580) vermählt, heiratete nach deren Tod Prinzessin Anna Katharina von Mantua (1566–1621).

5. Rudolf II. (1552–1612), römisch-deutscher Kaiser, unverheiratet gebliebener Sohn Kaiser Maximilians II. (Nr. 3).

6. Matthias (1557–1619), römisch-deutscher Kaiser, Sohn Kaiser Maximilians II. (Nr. 3), verheiratet mit seiner Cousine Erzherzogin Anna (1585–1618).

7. Ferdinand II. (1578–1637), römisch-deutscher Kaiser, Vetter von Kaiser Matthias (Nr. 6), Sohn Karls I., Herzogs von Steiermark und Erzherzogs von Österreich (1540–1590), und der Prinzessin Maria von Bayern (1551–1608), verheiratet 1. mit Prinzessin Maria Anna von Bayern (1574–1616) und 2. mit Prinzessin Eleonore von Mantua (1598–1655).

8. Ferdinand III. (1608–1657), römisch-deutscher Kaiser, Sohn Kaiser Ferdinands II. (Nr. 7) aus dessen erster Ehe, verheiratet 1. mit Infantin Maria Anna von Spanien (1606–1646), 2. mit seiner Cousine Erzherzogin Maria Leopoldine von Österreich aus der Tiroler Linie (1632–1649) und 3. mit Prinzessin Eleonore von Mantua (1630–1686).

9. Leopold I. (1640–1705), Sohn Kaiser Ferdinands III. (Nr. 8) aus dessen erster Ehe, verheiratet 1. mit Infantin Margarethe Theresia von Spanien (1651–1673), 2. mit seiner Cousine Erzherzogin Claudia Felicitas von Österreich aus der Tiroler Linie (1653–1676) und 3. mit Prinzessin Eleonore Magdalena von der Pfalz (1655–1720).

10. Joseph I. (1678–1711), römisch-deutscher Kaiser, Sohn Kaiser Leopolds I. (Nr. 9) aus dessen dritter Ehe, verheiratet mit Prinzessin Wilhelmine Amalie von Braunschweig-Lüneburg (1673–1742).

11. Karl VI. (1685–1740), römisch-deutscher Kaiser (der letzte „echte" Habsburger Herrscher, da mit ihm die männliche Linie der Familie ausstarb), Sohn Kaiser Leopolds I. (Nr. 9) aus dessen dritter Ehe und Bruder Kaiser Josephs I. (Nr. 10), verheiratet mit Prinzessin Elisabeth Christine von Braunschweig-Wolfenbüttel (1691–1750).

12. Maria Theresia (1717–1780), Erbin und Herrscherin der habsburgischen Länder, als Ehefrau Franz I. Stephan römisch-deutsche Kaiserin (Nr. 13), Tochter Kaiser Karls VI. (Nr. 11).

13. Franz I. Stephan (1708–1765), Herzog von Lothringen und Bar, später durch seine Heirat mit Erzherzogin Maria Theresia von Österreich (Nr. 12) zunächst Großherzog von Toskana*), später zum römisch-deutschen Kaiser gewählt. Sohn Herzog Leopolds von Lothringen (1679–1729) und der Prinzessin Elisabeth Charlotte von Orléans (1676–1744).

14. Joseph II. (1741–1790), römisch-deutscher Kaiser, Sohn Kaiserin Maria Theresias (Nr. 12), verheiratet 1. mit Prinzessin Isabella von Parma (1741–1763) und 2. mit Prinzessin Maria Josepha von Bayern (1739–1767).

15. Marie Christine (1742–1798), Tochter Kaiserin Maria Theresias (Nr. 12), Schwester Kaiser Josephs II. (Nr. 14), verheiratet mit Herzog Albrecht von Sachsen-Teschen (1738–1822), dem Begründer der „Albertina".

16. Leopold II. (1747–1792), zunächst Großherzog von Toskana, Sohn Kaiserin Maria Theresias (Nr. 12), nach dem Tod seines Bruders Joseph II. (Nr. 14) römisch-deutscher Kaiser, verheiratet mit Infantin Maria Ludovika von Spanien (1745–1792).

17. Franz II./I. (1768–1835), als Franz II. römisch-deutscher Kaiser, legt 1804 die deutsche Kaiserwürde nieder und nennt sich fortan „Kaiser Franz I. von Österreich", Sohn Kaiser Leopolds II. (Nr. 16), verheiratet 1. mit Prinzessin Elisabeth Wilhelmine von Württemberg (1767–1790), 2. mit Prinzessin Maria Theresia von Sizilien (1772–1807), 3. mit Erzherzogin Maria Ludovika von Österreich-Modena (1787–1816) **) und 4. mit Prinzessin Caroline Auguste von Bayern (1792–1873).

18. Carl (1771–1847) „der Sieger von Aspern" (erster Bezwinger Napoleons I., des Kaisers der Franzosen; Erzherzog von Österreich, Hoch- und Deutschmeister, als Erbe des Ehemanns von Erzherzogin Marie Christine (Nr. 15), des Herzogs von Sachsen-Teschen, Sohn Kaiser Leopolds II. (Nr. 16) und Bruder von Kaiser Franz II./I. (Nr. 17), verheiratet mit Prinzessin Henriette von Nassau-Weilburg (1797–1829).

19. Ferdinand I. (1793–1875), Kaiser von Österreich, dankt 1848 zugunsten seines Neffen Erzherzog Franz Joseph (Nr. 28) ab, Sohn von Kaiser Franz II./I. (Nr. 17) aus dessen zweiter Ehe, verheiratet mit Prinzessin Maria Anna von Sardinien (1803–1884).

20. Franz Carl (1802–1878), Erzherzog von Österreich, verzichtet 1848 zugunsten seines Sohnes, Erzherzog Franz Joseph, auf die Thronrechte, Sohn von Kaiser Franz II./I. (Nr. 17) und Bruder Kaiser Ferdinands I. (Nr. 19), verheiratet mit Prinzessin Sophie von Bayern (1805–1872).

21. Maria Anna (1804–1858), Erzherzogin von Österreich, unverheiratet gebliebene Tochter von Kaiser Franz II./I. (Nr. 17) und Schwester Kaiser Ferdinands I. (Nr. 19).

22. Albrecht (1817–1895), Erzherzog von Österreich, Herzog von Teschen, Sohn Erzherzog Carls (Nr. 18) und Vetter Erzherzogin Maria Annas (Nr. 21), verheiratet mit Prinzessin Hildegard von Bayern (1825–1864).
23. Karl Ferdinand (1818–1874), Erzherzog von Österreich, Sohn Erzherzog Carls (Nr. 18) und Bruder Erzherzog Al-brechts (Nr. 22), verheiratet mit seiner Cousine Erzherzogin Elisabeth (Nr. 26).

24. Marie Karoline (1825–1915), Erzherzogin von Österreich, Tochter Erzherzog Carls (Nr. 18) und Schwester Erzherzog Albrechts (Nr. 22), verheiratet mit ihrem Vetter Erzherzog Rainer (Nr. 27).

25. Wilhelm (1827–1894), Erzherzog von Österreich, Hoch- und Deutschmeister, unverheiratet gebliebener Sohn Erzherzog Carls (Nr. 18) und Bruder Erzherzog Albrechts (Nr. 22).

26. Elisabeth (1831–1903), Erzherzogin von Österreich, Tochter Erzherzog Josephs (1776–1847), eines Bruders von Kaiser Franz II./I. (Nr. 17), aus dessen dritter Ehe mit Prinzessin Marie von Württemberg (1797–1855), verheiratet 1. mit Erzherzog Ferdinand von Österreich-Modena (1821–1849) und 2. mit ihrem Vetter Erzherzog Karl Ferdinand (Nr. 23).

27. Rainer (1827–1913), Erzherzog von Österreich, Sohn Erzherzog Rainers d. Älteren (1783–1853), eines Bruders Kaiser Franz II./I. (Nr. 17), und der Prinzessin Elisabeth von Savoyen-Carignan (1800–1856), verheiratet mit seiner Cousine Erzherzogin Marie Karoline (Nr. 24).

28. Franz Joseph (1830–1916), Kaiser von Österreich, Sohn Erzherzog Franz Carls (Nr. 20), verheiratet mit seiner Cousine Prinzessin Elisabeth von Bayern, Herzogin in Bayern (1837–1898).

29. Ferdinand Maximilian (1832–1867), Erzherzog von Österreich, ab 1864 Kaiser von Mexiko, Sohn Erzherzog Franz Carls (Nr. 20) und Bruder Kaiser Franz Josephs (Nr. 28), verheiratet mit Prinzessin Charlotte von Belgien (1840–1927).

30. Carl Ludwig (1833–1896), Erzherzog von Österreich, Sohn Erzherzog Franz Carls (Nr. 20) und Bruder Kaiser Franz Josephs (Nr. 28), verheiratet in erster Ehe mit seiner Cousine Prinzessin Margarethe von Sachsen (1840–1858), in zweiter Ehe mit Prinzessin Maria Annunziata von Sizilien (1843–1871) und in dritter Ehe mit Prinzessin Maria Theresia von Braganza (1855–1944).

31. Ludwig Victor (1842–1919), Erzherzog von Österreich, unverheiratet gebliebener Sohn Erzherzog Franz Carls (Nr. 20) und Bruder Kaiser Franz Josephs (Nr. 28).

32. Maria Theresia (1845–1927), Erzherzogin von Österreich, Tochter von Erzherzog Albrecht (Nr. 22), verheiratet mit Herzog Philipp von Württemberg (1838–1917).

33. Karl (1847–1848), Erzherzog von Österreich, Sohn Erzherzog Albrechts (Nr. 22) und Bruder Erzherzogin Maria Theresias (Nr. 32); verstarb im Alter von eineinhalb Jahren.

34. Mathilde (1849–1867), Erzherzogin von Österreich, Tochter Erzherzog Albrechts (Nr. 22) und Schwester Erzherzogin Maria Theresias (Nr. 32); verbrannte achtzehnjährig bei einem Unfall.

35. Friedrich (1856–1936), Erzherzog von Österreich, Sohn von Erzherzog Karl Ferdinand (Nr. 23) und Erbe seines Onkels Erzherzog Albrechts (Nr. 22), verheiratet mit Prinzessin Isabella Croy (1856–1931).

36. Gisela (1856–1932), Erzherzogin von Österreich, Tochter Kaiser Franz Josephs (Nr. 28), verheiratet mit Prinz Leopold von Bayern (1846–1930).

37. Rudolf (1858–1889), Erzherzog-Kronprinz von Österreich, Sohn Kaiser Franz Josephs (Nr. 28) und Bruder Erzherzogin Giselas (Nr. 36), verheiratet mit Prinzessin Stephanie von Belgien (1864–1945).

38. Marie Valerie (1868–1924), Erzherzogin von Österreich, Tochter Kaiser Franz Josephs (Nr. 28) und Schwester Erzherzogin Giselas (Nr. 36), verheiratet mit Erzherzog Franz Salvator von Österreich-Toskana (1866–1939).

39. Franz Ferdinand (1863–1914), Erzherzog-Thronfolger von Österreich, führte als Erbe des letzten Herzogs von Modena den Geschlechternamen „d'Este", Sohn Erzherzog Carl Ludwigs (Nr. 30) aus dessen zweiter Ehe, verheiratet in hausgesetzmäßig nicht anerkannter Ehe mit Gräfin Sophie Chotek, späterer Herzogin von Hohenberg.

40. Otto (1865–1906), Erzherzog von Österreich, Sohn Erzherzog Carl Ludwigs (Nr. 30) aus dessen zweiter Ehe und Bruder Erzherzog Franz Ferdinands (Nr. 39), verheiratet mit Prinzessin Maria Josepha von Sachsen.

41. Ferdinand (1868–1915), Erzherzog von Österreich, Sohn Erzherzog Carl Ludwigs (Nr. 30) aus dessen zweiter Ehe und Bruder Erzherzog Franz Ferdinands (Nr. 39), heiratet heimlich Berta Czuber (1879–1979), die Tochter eines Universitätsprofessors. Nach Bekanntwerden der Heirat muß er aus dem Familienverband ausscheiden.

42. Margarethe (1870–1902), Erzherzogin von Österreich, Tochter Erzherzog Carl Ludwigs (Nr. 30) aus dessen zweiter Ehe und Schwester Erzherzog Franz Ferdinands (Nr. 39), verheiratet mit Herzog Albrecht von Württemberg (1865–1939).

43. Maria Annunziata (1876–1961), Erzherzogin von Österreich, unverheiratet gebliebene Tochter von Erzherzog Carl Ludwig (Nr. 30) aus dessen dritter Ehe und Halbschwester Erzherzog Franz Ferdinands (Nr. 39).

44. Elisabeth (1883–1963), Erzherzogin von Österreich, Tochter von Kronprinz Rudolf (Nr. 37), verheiratet 1. in unstandesgemäßer Ehe mit Prinz Otto zu Windischgraetz (1873–1952) – das Paar wurde 1924 geschieden – und 2. mit dem Lehrer Leopold Petznek (1881–1956), wegen ihres Engagements bei der sozialdemokratischen Partei wurde sie „rote Erzherzogin“ genannt.

45. Karl I. (1887–1921), letzter Kaiser von Österreich, als Erzherzog: Carl Franz Joseph, Sohn Erzherzog Ottos (Nr. 40), verheiratet mit Prinzessin Zita von Bourbon-Parma (1892–1989).

46. Maximilian (1895–1952), Erzherzog von Österreich, Sohn Erzherzog Ottos (Nr. 40) und Bruder Kaiser Karls, verheiratet mit Prinzessin Franziska zu Hohenlohe-Waldenburg-Schillingsfürst (geb. 1897).

47. Otto (geb. 1912), Kronprinz von Österreich, Sohn Kaiser Karls (Nr. 45), verheiratet mit Prinzessin Regina von Sachsen-Meiningen (geb. 1925).

48. Adelhaid (1914-1971), unverheiratet gebliebene Tochter Kaiser Karls (Nr. 45) und Schwester Erzherzog Ottos (Nr. 47).

49. Robert (1915–1998), Erzherzog von Österreich, führte seit 1917 – nach seinem Großonkel, dem Erzherzog-Thronfolger Franz Ferdinand, und seinem Vater – den Namen und das Wappen der Este, Sohn Kaiser Karls (Nr. 45) und Bruder Erzherzog Ottos (Nr. 47), verheiratet mit Prinzessin Margarethe von Savoyen-Aosta (geb. 1930).

*) Kaiser Franz I. Stephan hatte anläßlich seiner Hochzeit mit Erzherzogin Maria Theresia, auf die Herrschaftsrechte in Lothringen verzichtet. Dafür wurde er mit dem Großherzogtum Toskana entschädigt. Nachdem er zum römisch-deutschen Kaiser gewählt worden war, ging die Würde auf den zweitältesten Sohn über und verblieb weiterhin als Sekundogenitur-Titel in der Familie. Die Linie wird „Österreich-Toskana“ genannt. Die Großherzoge von Toskana regierten mit einer kurzen Unterbrechung bis 1859 in Italien und wurden dann des Landes verwiesen. Der jeweilige Chef der Linie führte seit damals den Titel eines „nominellen“ Großherzogs von Toskana. Als Mitglieder der österreichischen Kaiserfamilie wurden den aus Italien Ausgewiesenen Wohnsitze in der Donaumonarchie zugewiesen. So lebten sie u.a. in der Stadt Salzburg in der ehemals fürsterzbischöflichen Residenz im bis heute nach ihnen benannten Toskana-Trakt (in Richtung des Alten Marktes).

**) Ebenfalls im 18. Jahrhundert kam das Herzogtum Modena an die Habsburger. Erzherzog Ferdinand Karl, ein Sohn Kaiserin Maria Theresias, heiratete die estensische Erbin, Prinzessin Maria Beatrix von Modena, und begründete damit die Linie „Österreich-Modena“. Als diese 1876 mit Herzog Franz V., einem Urenkel Kaiserin Maria Theresias, ausstarb, fiel das gesamte Erbe an den ältesten Sohn Erzherzog Carl Ludwigs, den späteren Erzherzog-Thronfolger Franz Ferdinand.

Bildnachweis

Alle im Buch wiedergegebenen Fotos sowie die Abbildungen auf dem Schutzumschlag stammen aus einem Privatarchiv. (Ausnahme: S. 55, Österreichische Galerie Belvedere, und S. 123, Privatarchiv v. Michael Wohlfart)
Der Abdruck der Karte auf S. 154/55 erfolgt mit freundlicher Genehmigung der Freytag & Berndt u. Artaria KG